In der Buchreihe zur RTL-Serie „Hinter Gittern"
sind bisher erschienen:
Band 1: Die Geschichte der Susanne Teubner
Band 2: Die Geschichte der Blondie Koschinski
Band 3: Die Geschichte der Vivien Andraschek
Band 4: Die Geschichte der Christine Walter
Band 5: Die Geschichte der Katrin Tornow
Band 6: Maximilian Ahrens – Ein Leben hinter Gittern
Band 7: Die Geschichte der Sabine Sanders
Band 8: Die Geschichte der Margarethe Korsch
Band 9: Die Geschichte der Conny Starck
Band 10: Walter – Liebe hinter Gittern Teil 1
Band 11: Die Geschichte der Mona Suttner
Band 12: Die Geschichte der Sofia Monetti
Band 13: Die Geschichte der Jule Neumann
Band 14: Die Geschichte der Eva Baal
Band 15: Walter – Liebe hinter Gittern Teil 2
Band 16: Jutta Adler und die Liebe
Band 17: Die Vattkes – auf Leben und Tod
Band 18: Die Geschichte der Anna Talberg
Band 19: Die Geschichte der Uschi König
Band 20: Die Geschichte der Bea Hansen
Band 21: Die Geschichte der Denise Hartung
Band 22: Walter – Liebe hinter Gittern Teil 3
Band 23: Die Geschichte der Jutta Adler
Band 24: Die Geschichte der Ruth Bächtle
Band 25: Die Geschichte des Jörg Baumann
Band 26: Simone Bach – Alles aus Liebe
Band 27: Die Geschichte der Martina & Mareike Vattke
Band 28: Die Geschichte der Melanie Schmidt
Band 29: Die Geschichte der Nina Teubner
Band 30: Die Geschichte der Raffaella Caprese
Band 31: Nina und Andy – Verbotene Gefühle
Band 32: Die Geschichte der Simone Bach

Sonderbände:
Die Stars – Inside & Outside
Hinter Gittern – Was bisher geschah …
Der Knast-Guide – Die ganze Welt von Hinter Gittern

Sylvia Conradt

HINTER GITTERN
der FrauenKnast

**Die Geschichte der
Christine Walter**

Die Deutsche Bibliothek – CIP-Einheitsaufnahme
Ein Titeldatensatz für diese Publikation ist bei der Deutschen Bibliothek erhältlich.

Vielen Dank an Anja Schierl, Redakteurin für „Hinter Gittern"
bei RTL, für ihren Einsatz und ihre Unterstützung bei der Entstehung
dieses Buches.

Dieses Buch wurde auf chlorfreiem,
umweltfreundlich hergestelltem
Papier gedruckt.

6. Auflage
© 2004 by Panini Verlags GmbH, Rotebühlstraße 87, 70178 Stuttgart
Alle Rechte vorbehalten
Dino ist ein Imprint der Panini Verlags GmbH.
© 2004 RTL Television, vermarktet durch RTL Enterprises GmbH.
© 2004 Grundy UFA TV Produktions GmbH – All rights reserved –
Licensed by Fremantle Brand Licensing www.fremantlemedia.com
Das Buch wurde auf Grundlage der RTL-Serie „Hinter Gittern – der
Frauenknast" verfasst. Die hier niedergeschriebenen Geschichten sind
frei erfunden. Übereinstimmungen mit lebenden oder verstorbenen
Personen sind nicht beabsichtigt und wären rein zufällig.
Mit freundlicher Genehmigung von RTL

Bd. 4: Die Geschichte der Christine Walter
Fotos: Stefan Erhard
Umschlaggestaltung: TAB Werbung, Stuttgart
Satz: Greiner & Reichel, Köln
Druck: Panini S. p. A. Modena, Italien
ISBN: 3-89748-157-X

www.panini-dino.de

1

„Du bist gemein", schrie Christine. Mit einer wütenden Kopfbewegung warf sie ihre langen, schwarzen Haare in den Nacken. Sie stemmte ihre Hände in die Hüften und baute sich vor ihrem Großvater auf, der jetzt mit einem abschätzigen Lächeln auf sie hinabsah.

„Andreas ist es wirklich nicht gewesen", beharrte sie und verzog dabei die Mundwinkel zu einem provozierenden Grinsen.

„Du kannst mir nichts vormachen, du kleine Kröte", erwiderte er, wischte sich mit dem Handrücken den Schweiß von der Stirn und fuhr dann mit den Fingern wie mit einem Kamm durch seinen akkuraten Bürstenhaarschnitt.

Es war Juni, und eine schwüle Hitze lag schon seit Wochen lastend über Berlin. Seine billige Cortex-Armbanduhr blitzte kurz auf in der Nachmittagssonne, die durch die frisch geputzten Fensterscheiben fiel.

Wie der Alte dastand, groß und stämmig, mit seinen grauen Bügelfaltenhosen und dem kurzärmligen, weißen Hemd. Er trug grundsätzlich nur weiße Hemden.

Früher, als er noch Pförtner an irgendeinem der Eingänge bei Daimler in Marienfelde war, hatte er immer einen grauen Anzug angehabt, und schon damals mußte Großmutter immer für perfekte Bügelfalten sorgen.

Er ging einen Schritt auf sie zu und kniff die Augen zusammen. „Kannst du mir mal sagen, wie alt du bist?" fragte er.

„Dreizehn", antwortete sie mechanisch. Ständig stellte er ihr solche überflüssigen Fragen. Er wußte doch, daß sie dreizehn war. Christine spürte, daß er sie damit demütigen wollte.

„Dann kannst du mir bestimmt auch verraten, wer das mit meinem Auto gemacht hat", sagte er mit drohendem Unterton. „Klar, daß Andreas das nicht alleine gewesen sein kann. Aber verkauf mich nicht für dumm."

Christine funkelte ihn mit ihren schwarzen Augen an und schwieg trotzig. Und dachte daran zurück, wie sie in der Nacht zum Ersten Mai seinen Käfer aufgebockt hatten: alle vier Räder auf jeweils fünf Backsteine aus einem Abbruchhaus. Gut einen halben Meter hoch.

Hier in der Gegend um die Brunnenstraße im Wedding wurden zur Zeit viele Mietskasernen und Gewerbehöfe abgerissen. Viele Läden standen leer und waren von außen mit dicken Latten verriegelt, obwohl es innen nichts mehr zu finden gab. Backsteine fand man auf jedem Schutthaufen.

Um den Wagen auf die Steine zu stellen, hatte die Clique von Andreas sogar Hilfe anfordern müssen. Denn Andreas, Marc, Mike und Alex hätten es alleine nicht geschafft. Mit acht Mann hatten sie es schließlich hingekriegt.

Die Idee aber war ihre gewesen! Andreas fand sie erste Sahne und hatte gemeint, man müsse sie sofort umsetzen.

„Na, wird's bald?" hakte ihr Großvater jetzt nach. „Ich hab keine Lust, mir hier die Füße in den Bauch zu stehen!" Seine Stimme wurde lauter.

„Völlig klar, das müssen mehrere gewesen sein", meinte Christine endlich und zuckte mit den Schultern. „Aber wer soll's schon gewesen sein? Irgendwelche Typen wahrscheinlich, die einen drauf machen wollten ..."

Sie wußte, daß seine Schrottkarre immer noch auf den Backsteinblöcken stand und daß er keine Ahnung hatte, wie er sie von da oben wieder runterholen sollte, ohne eine Firma anzurufen, die sicher eine Menge Geld verlangen würde. Aber er würde sie nicht weich kriegen. Niemals würde sie irgend jemanden verraten. Und er würde es auch nicht schaffen, ihr Angst einzujagen!

„Ich will dir mal eines sagen", fuhr er fort.

Christine sah, wie seine rechte Wange zu zucken begann. Kein gutes Zeichen.

„Meinetwegen könnt ihr meine Brille verstecken und mit eurer Oma machen, was ihr wollt. Aber ich habe es satt, mich ständig von euch für dumm verkaufen zu lassen. Aus, fertig und vorbei! Ich will jetzt endlich wissen, wer es war!" Er atmete schwer.

„Soll das ein längeres Verhör werden, oder was?" erwiderte Christine schnippisch. Sie ließ sich doch nicht erpressen! Sie wandte sich abrupt von ihm ab.

Mit seiner kalten, schweißigen Pranke griff er nach ihrer

Schulter und preßte sie gegen die Wand. „Wer nicht hören will, muß fühlen!" sagte er drohend.

Verdammt, sie wollte sich doch keine Angst machen lassen! Wenn nur Andreas da wäre! Am liebsten hätte sie dem Alten jetzt einen Schlag mit der Faust in den Bauch versetzt, um freizukommen.

Aber Andreas war weit weg. Er arbeitete noch in der Autowerkstatt, in der er eine Lehrstelle bekommen hatte. Erst mal ruhig bleiben, dachte sie und bewegte sich nicht.

Er hielt sie mit eisernem Griff fest. Sie hatte ein ärmelloses T-Shirt an, und es tat weh.

Christine bekam Panik und schrie um Hilfe. „Laß mich hier raus!"

Auf der Treppe waren plötzlich Schritte zu hören. Sofort wand sie sich, um sich aus seiner Umklammerung zu befreien. Aber sie war seiner körperlichen Übermacht nicht gewachsen, obwohl sie für ihr Alter groß und stämmig gebaut war. „Oma!" In ihrer Verzweiflung überschlug sich ihre Stimme.

„Nur mit der Ruhe, gleich darfst dich bei Oma ausheulen", sagte der Alte sarkastisch.

In dem Moment riß ihre Großmutter von außen die Tür auf. „Nein, Herbert, nicht, bitte nicht!" rief sie aus, blieb aber hilflos im Türrahmen stehen.

Gelassen sah er in Richtung Tür, während er Christine weiterhin festhielt. So fest, daß der Schmerz an der Schulter noch heftiger wurde.

Besser, sie hielt jetzt wieder still.

„Nur eine kleine Erziehungsmaßnahme", erklärte er zu seiner Frau gewandt. „Oder kannst du mir sagen, wer das mit meinem Wagen war? Aus dieser Göre ist ja nichts rauszukriegen!"

„Dann laß sie doch endlich los, Herbert!" bat Christines Großmutter. Sie war kleiner als er, zierlich und schlank, fast zerbrechlich.

Tatsächlich löste er jetzt seinen Griff.

Christine warf sich schluchzend auf ihr Bett und strich mit der Hand über die Druckstellen an ihrer Schulter.

Herbert Krossmann warf seiner Frau einen vorwurfsvollen Blick zu. „Da siehst du mal wieder, wo deine Erziehungsmethoden hinführen. Die tanzen uns ständig auf der Nase rum und du sagst nicht Muh und nicht Mäh. Einer muß hier ja mal ein Machtwort sprechen!"

Christine hatte ihr Gesicht ins Kissen vergraben und wimmerte still vor sich hin.

Ihre Großmutter setzte sich auf den Bettrand und knetete ihre Schürze. „Komm", sagte sie aufgeregt, „erzähl mir, was passiert ist." Vorsichtig berührte sie Christines Rücken.

Aber da drehte sich Christine plötzlich um und fauchte wie eine bedrängte Katze. „Damit du es nachher wieder deinem Alten verklickerst? Ich bin doch nicht hier!" Sie tippte sich mit dem Zeigefinger an die Stirn.

Krossmann war abwartend stehengeblieben und schüttelte verständnislos den Kopf. „Sag ich's doch", meinte er jetzt. „Die will deine Streicheleinheiten überhaupt nicht."

Christine vergrub ihr Gesicht wieder heulend in ihr Kissen.

„So geht das nicht weiter", fuhr er fort. „Da müssen andere Saiten aufgezogen werden. Ab jetzt übernehme ich hier das Kommando in der Erziehung dieser Bälger." Damit wandte er sich ab und verschwand durch die Tür.

Sofort stellte Christine ihr Weinen ein und sah ihrer Großmutter ins Gesicht. „Was heißt das?" fragte sie.

„Keine Ahnung, was er vorhat. Aber mit seinem Wagen, da seid ihr wirklich zu weit gegangen."

„Er geht doch ständig zu weit", konterte Christine. „Dein Schulranzen gehört nicht in die Küche und ins Wohnzimmer schon gar nicht, deine leere Colaflasche nicht auf den Spültisch, sondern in den Müll, und deine Stinksocken nicht aufs Sofa, sondern in den Wäschekorb!" Christine äffte die Stimme ihres Großvaters nach.

„Womit er ja auch nicht ganz unrecht hat", erwiderte die Großmutter.

Christine warf ihr einen herausfordernden Blick zu. „Und wegen solchen Nebensächlichkeiten macht ihr euch tatsächlich ins Hemd, ja?"

Ihre Großmutter schüttelte den Kopf. Immer stand sie zwischen Christine und Andreas, ihren Enkelkindern, auf der einen Seite, und ihrem Mann auf der anderen. Wie lange sollte sie das noch durchhalten? Bald würde Andreas volljährig sein und, wenn er die Lehre weitermachen und, wie sie hoffte, mit Erfolg abschließen würde, ausziehen und sich ein eigenes Zimmer nehmen. Aber wie sollte es mit Christine weitergehen? Christi-

10

ne war so voller Haß auf ihren Großvater. Sie wußte einfach nicht mehr weiter.

„Probleme?" fragte Christine hart.

Ihre Großmutter nickte, ließ ihren Kopf in die Hände sinken und begann leise zu weinen. „Es tut mir so leid, daß er dir wehgetan hat", sagte sie.

„Ist schon vergessen", erwiderte Christine. Dann lehnte sie sich auf ihrem Bett zurück. „Aber du bist eben mal wieder zu spät gekommen."

2

„Was ist denn mit dir los?" Andreas sah verwundert zu Christine hinüber, die unbeweglich auf ihrem Bett lag und an die Decke starrte. Er schloß die Tür hinter sich und ging auf sie zu. Da sie auf seine Frage nicht reagierte, setzte er sich auf den Bettrand, berührte ihren Unterarm und schob sein Gesicht vorsichtig an ihr Ohr heran. „Tinchen?" flüsterte er.

Christine drehte sich um und musterte ihn. Dann rümpfte sie die Nase. „Hau ab, du stinkst nach Bier", sagte sie mit ihrer dunklen, kehligen Stimme und zog ihren Unteram von ihm weg. Kritisch betrachtete sie ihre Haut, auf der seine Hand Ölschlieren hinterlassen hatte. „Und wasch dir erst mal die Hände!"

Andreas stand auf. „Na, du hast ja vielleicht 'ne Laune!" Er nahm es ihr nicht übel. Tinchen war öfter mal schlecht drauf. Er hatte sich schon immer um sie gekümmert. Da fiel sein Blick plötzlich auf die Druckstellen auf ihrer rechten Schulter. „Und was ist das da?" fragte er.

Christine blieb stumm, sah ihm aber plötzlich in seine dunklen Augen.

„Sag bloß nicht, das war der Alte!"

Christine zuckte mit den Schultern.

„Wenn das wahr ist, zeig ich ihn an! Sag mir jetzt endlich, was los ist!"

„Ich will nicht mehr dran denken müssen", erwiderte sie tonlos und starrte wieder an die Decke.

„Ich muß es aber wissen! Ich muß wissen, was hier abläuft, wenn ich nicht da bin und du alleine bist!"

Christine schluckte und begann plötzlich zu kichern.

„Bist du jetzt übergeschnappt?" fragte Andreas.

„Der Alte steht jetzt bestimmt vor seiner Blechkarre und weiß nicht, wie er auf den Fahrersitz klettern soll", gluckste sie.

Nun begann auch Andreas zu grinsen. „Da kommt er doch mit seinen kurzen Beinen gar nicht hoch!"

Christine lachte auf. „Dann muß er die Karre eben stehenlassen und abmelden."

Das wäre nicht das einzige Auto, das auf irgendeinem Grundstück vor sich hinrostete, dachte Andreas. „Um das Problem zu lösen, braucht er einen Kran."

„So was kann der sich doch gar nicht leisten!"

„Woher willst denn du das wissen. Vielleicht hat der ja irgendwo noch ein geheimes Nummernkonto oder ein Schließfach, von dem kein Mensch was weiß. So knausrig, wie der ist, bleibt von seiner Rente bestimmt noch was übrig."

„Und Oma hat bis vor kurzem ja auch noch verdient."

„Genau. Oder er hat sein Sparbuch unterm Kopfkissen. Da könnte man ja mal nachschauen."

„So doof ist der nun ja auch wieder nicht", wandte Christine ein.

„Stimmt. Aber eigentlich bräuchte er ja nur acht Mann aus seiner Kneipe zusammenzutrommeln. Genau so viele, wie wir gebraucht haben, um das Ding hochzuhieven."

Christine wurde nachdenklich. „Meinste denn, da würde auch bloß einer mitmachen? Der Alte hat doch überhaupt keine Freunde."

„Eigentlich traurig", meinte Andreas. Er stand immer noch vor ihrem Bett und dachte nach. Sicher würde der Alte, wenn er von *Rolfs Pinte* zurückkam, ihn auf die Sache mit dem Wagen ansprechen. Aber er konnte ja nichts beweisen. Und Fingerabdrücke vom Blech würde er ja nicht gerade nehmen lassen. Bei ‚Fingerabdrücke' fielen ihm die blauen Flecken an Christines Schulter wieder ein. Sie hatte ihm noch immer keine Antwort gegeben. „Trotzdem will ich jetzt wissen, ob das der Alte war", sagte er fordernd und zeigte auf ihre Schulter.

„Ich will aber nicht, daß du irgendwas sagst", antwortete sie zögernd.

Andreas biß sich auf die Lippen. „Also doch."

„Er hat geglaubt, er kriegt aus mir raus, wer ihm den Wagen aufgebockt hat, aber ich hab nichts verraten, kein Sterbenswörtchen", platzte sie nun heraus.

Andreas wandte sich zum Fenster und sah hinaus. Im quadratisch angelegten Innenhof stand eine alte Kastanie, deren Blüten verwelkt waren. Er warf einen Blick auf seine Armbanduhr. Viertel nach sechs. Da müßte der Alte noch in seiner

Kneipe sein. Besser, Tinchen bekam es nicht mit, wenn er ihn sich vorknöpfte.

„Er hat dir also wehgetan, das Schwein!" zischte er und ging entschlossen zur Tür.

Christine schnellte vom Bett auf und stellte sich ihm in den Weg. „Was hast du vor?" rief sie.

„Keine Ahnung", erwiderte er. „Ehrlich nicht. Aber ich kann es nicht zulassen, daß dir jemand wehtut. Irgendwas muß passieren!" stieß er erregt aus.

Christine packte mit beiden Händen den Stoff seines Blaumanns, den er immer noch anhatte. „Es tut schon fast nicht mehr weh. Nachher wird alles nur noch schlimmer. Bleib da! Bitte!" Sie sah ihn flehend an.

„Wenn man sich nicht wehrt, wird alles schlimmer!" belehrte er sie. „Und jetzt laß mich gehen!"

Christine ließ von ihm ab und warf ihm einen besorgten Blick hinterher.

Andreas schnappte sich sein altes Moped, das er immer in dem großen Hausflur unten abstellte, und verschwand. Als er die Tür zu *Rolfs Pinte* öffnete, kam ihm kalter Rauch entgegen und der Geruch von abgestandenem Bier. Er kniff die Augen zusammen, ging hinein und suchte im Halbdunkel der Kneipe die Tische ab. Es waren nur Männer anwesend, bis auf Monika.

Monika stand hinter dem Tresen. Sie wechselte sich im Dienst mit Rolf ab. Eine vollbusige Polin, die Andreas gefiel, aber Monika war schon an Rolf vergeben, glaubte er.

Nur einen Moment lang hatten sich die Blicke der Gäste auf ihn gerichtet, dann starrte jeder wieder in sein Glas. Und am Tresen bei Monika lief die Unterhaltung weiter. Die Männer, die auf den hohen Barhockern saßen, tranken alle *Berliner Kindl* und machten Monika nicht nur Komplimente, sondern versuchten es auch mit anzüglichen Bemerkungen. Ihr langes, dichtes, blondes Haar und ihr Busen waren das Hauptthema.

Andreas bewunderte Monika. Über die dummen Sprüche hörte sie einfach hinweg. Und wenn einer nett war, dann warf sie dem Mann dafür ein Lächeln zu oder tätschelte beiläufig seinen Arm, wenn sie ihm ein neues Glas hinstellte. An ihrer Stelle hätte er die ganze Meute hier schon längst zum Teufel gejagt. Aber dann hätte sie ja keine Kundschaft mehr, überlegte er.

„Ein Bierchen?" rief Monika ihm jetzt zu.

„Nein, danke", antwortete er, ging aber doch zum Tresen hinüber.

„Dann setz dich doch wenigstens. Probleme?" Sie warf ihm einen interessierten Blick zu.

„Wieso?"

Sie zuckte mit den Schultern. „Ich kenn mich eben aus mit Menschen."

„Gib dem Kleinen doch erst mal 'nen O-Saft", lallte einer der Gäste am Tresen. Niemand lachte darüber.

Sie schob Andreas ein kleines Bier hin. Er nahm es und trank es zur Hälfte aus. „Ist mein Alter schon wieder weg?" fragte er schließlich.

„Er hat sich heute überhaupt noch nicht blicken lassen", erklärte ihm Monika.

„Versteh ich nicht."

„Früher war'n's die Weiber, die uns hinterherspekuliert haben, heute sind's die Rotzlöffel", sagte ein leicht ergrauter Typ am anderen Ende des Tresens.

„Spioniert", verbesserte Monika.

Der Mann runzelte die Stirn.

„Es heißt: *hinterherspioniert!*" wiederholte sie.

„Jetzt wollen die Ausländer hier schon besser Deutsch können als wir", nuschelte er und wollte einen weiteren Satz nachschieben, winkte dann aber ab und schwieg.

Andreas warf ihm einen kalten Blick zu.

Der Typ nahm den Blick auf und grinste ihn an. „Und außerdem mußt du mal wieder zum Friseur. Du siehst aus wie ein Mädchen."

Nun lachten alle am Tresen mit.

Wenn er diesem Fiesling einen kleinen Kick mit der Faust verpaßte, würde der sofort einknicken und von seinem Stühlchen kippen … Das wollte er doch gleich mal sehen!

Andreas löste sich von seinem Barhocker. In dem Moment spürte er plötzlich Monikas Hand auf seinem Unterarm. Sie hielt ihn sanft fest und schob ihr Gesicht zu ihm heran.

„Bleib ruhig! Der ist doch schon bis oben abgefüllt. Den brauchst du gar nicht mehr ernstzunehmen!"

Andreas verzog das Gesicht. Am liebsten würde er mit dem Unterarm den ganzen Tresen entlangfahren und diesen Wichsern Bierchen für Bierchen abräumen. Dann könnten sie sich ja was Neues nachbestellen, aber sie hätten begriffen, daß sie ihr Maul zu halten haben. Aber Monikas Hand lag noch immer auf seinem Arm, und nun griff sie sogar noch nach seinen Fingern und zog ihn zurück auf seinen Hocker.

Monika ließ seine Hand los und wandte sich wieder ihren Gästen zu. „Seid ihr eigentlich vor 1770 geboren oder nach 1827?" fragte sie herausfordernd.

Die Männer am Tresen sahen sie fragend an. Auch Andreas runzelte die Stirn.

„Soll das ein neuer Witz sein? Noch nie davon gehört", sagte einer.

„Sagt doch einfach", drängte Monika.

Die Männer versenkten ihre Blicke tief in ihre Biergläser.

„Nach 1827, ist doch ganz klar", sagte Andreas. „Was soll denn die Frage?"

„Dann müßtet ihr doch wissen, daß schon Beethoven lange Haare trug. Das war schon vor zweihundert Jahren üblich. Also laßt den Jungen in Ruhe! Oder weiß einer vielleicht nicht, wer Beethoven war?"

Keiner am Tresen wagte eine Antwort.

Monika atmete tief durch und wandte sich ab. Sie wußte selbst nicht, warum sie sich so engagiert hatte. Irgendwie hing ihr dieser Job zum Hals heraus, vielleicht war es das. Aber sie mußte ja froh sein, überhaupt eine feste Arbeit zu haben.

Andreas sah verwundert auf ihre schönen Haare hinab, als sie sich nun verlegen zum Kühlfach hinunterbückte und irgendwelche Flaschen aufeinanderschob, so daß es auffällig Lärm machte. Warum hatte sie so Partei für ihn ergriffen?

„Hat offenbar 'ne Menge Schulbildung, das Mädel", sagte jetzt jemand.

Monika kam wieder in die Höhe. „Ich war in Warschau auf 'nem Gymnasium, wenn du es genau wissen willst!" erwiderte sie schroff und blickte dem Typen, der die Bemerkung gemacht hatte, scharf ins Gesicht. „Und bevor du mich jetzt fragst, warum ich hier bin und was ich hier mache, erklär ich's dir!"

Alle Augen waren auf Monika gerichtet. Niemand traute sich, sein Glas zu fassen und es an den Mund zu führen. Sie war ihnen immer so sanft erschienen, so ausgeglichen, so fröhlich.

Andreas sah sie fasziniert an.

„Weil die Herren in Polen Jahr für Jahr zu Weihnachten unsere fetten Gänse zu euch schicken, und unser Volk hat nichts zu beißen. Die erste Gans, die ich in meinem Leben gegessen habe, habe ich hier gegessen. Bei euch. Verstanden?"

Die Männer am Tresen waren verlegen, wußten aber nichts zu sagen.

In Andreas arbeitete es. Ihm gefiel ihre Art, Flagge zu zeigen. Aber ihm fiel jetzt auch wieder ein, warum er eigentlich hergekommen war.

Warum war der Alte gerade heute nicht in seiner Stammkneipe? Im selben Moment tippte sich Andreas mit der flachen Hand gegen die Stirn. Ganz klar. Er würde versuchen, seinen Wagen wieder auf den Boden zu kriegen. War doch eigentlich ganz lo-

19

gisch. Hastig stürzte er den Rest seines Biers hinunter. „Zahlen", sagte er und knallte die zwei Mark fünzig auf den Tisch.

„Bleib doch noch, was ist denn mit deinem Großvater?" fragte Monika.

„Das wird sich erst noch herausstellen." Er glitt vom Hocker. „Ich hab schon viel zuviel Zeit vertrödelt!"

Sie griff nach seiner Hand und hielt sie fest.

Andreas sah sie verblüfft an.

„Ich muß dir noch was sagen", begann sie geheimnisvoll und schob ihren Mund ganz nahe an sein Ohr. „Mir gefallen deine langen schwarzen Haare!" Sie ließ seine Hand los und ging, um ein neues Bier zu zapfen.

Ohne daß sie sich noch einmal zu ihm umdrehte, verließ Andreas den Raum.

Überall waren hier die Abrißbirnen am Werk. Die meisten Leute waren schon ausgezogen. *Rolfs Pinte* war eine der wenigen Kneipen, die es überhaupt noch in dieser Gegend gab.

Krossmann benutzte für die paar hundert Meter zu seiner Stammkneipe immer den Wagen. Aber nach den vier, fünf Bierchen, die er sich regelmäßig abends gönnte, ließ er das Auto dann stehen und ging zu Fuß zurück nach Hause. Aus Prinzip. Die Vorstellung, die Polizei könnte ihn nach seinem Kneipenbesuch am Steuer erwischen, war für ihn das reine Horrorszenario. Selbst wenn sie ihm die Promille nicht nachweisen könnten.

Andreas hatte schon länger mitbekommen, daß der Alte sein Auto immer in der Straße nebenan stehenließ, in der niemand mehr wohnte. Lange bevor sie seinen Wagen eine Etage höher gestellt hatten.

Als er um die Ecke bog, erstarrte er für einen Moment. Sofort zog er sich wieder zurück. Er hätte es sich ja denken können.

Der Wagen stand noch immer auf den Backsteinen. Nur daß er jetzt von vier Männern umringt war, einer davon war der Alte. Offenbar debattierten sie darüber, wie sie den Wagen runterholen konnten.

Andreas grinste in sich hinein. Er überlegte, wie er sich näher an sie heranschleichen könnte.

Gegenüber lag ein Abbruchhaus. Unauffällig wechselte er die Straßenseite. Die Tür gab sofort nach, als er sie anstieß. Erleichtert atmete er auf. Jetzt mußte er nur noch eine Position finden, von der aus er einen guten Ausblick hatte.

Der Raum, der sich vor ihm öffnete, war vom Fußboden bis zur halben Höhe der Wände mit weißen Fliesen gekachelt. Es roch nach Fisch.

Andreas sah sich um. Tatsächlich gab es dort Auslagen aus Aluminium. Alles schmutzig. Ein versifftes Plakat hing an der Wand mit Abbildungen verschiedener Meeresfische. Er befand sich in einem ehemaligen Fischgeschäft.

Vom Schaufenster aus hatte er nun eine hervorragende Sicht auf die Dinge, die sich auf der Straße abspielten. Er verzog sich hinter die ausrangierte Theke, um selbst nicht gesehen zu werden.

Hatte der Alte da irgendwelche Penner von der Straße aufgegabelt? Ihn nervte er jeden Tag wegen seinen langen Haare, und dann bestellte er sich solche Typen, wohl um Kosten zu sparen. Wenn er sich die so ansah: die zerfledderten Jeans hingen ihnen am Hintern herunter, und die Bäuche quollen über den Bund. Alle drei hatten ihre langen Haare zu Zöpfen gebunden. Vielleicht waren es ja auch die Zöpfchen, die den Ausschlag gaben, dachte er und grinste in sich hinein.

Älter als dreißig waren die kaum, schätzte er.

Sie ließen eine Schnapsflasche kreisen.

Der Alte sah ihnen mit ungeduldigem Gesicht zu, das immer, wenn die Flasche an den nächsten weiterging, noch verbissener wurde.

Als sie endlich leer war, stellten sie die Flasche ab und wischten sich mit dem Unterarm über den Mund.

Als hätten sie diese gleichzeitige Geste vorher geübt, dachte Andreas.

Nun wies der Alte ihnen die Stellen zu, an denen sie anfassen sollten. An den Stoßdämpfern, einer vor jedem Rad, er selbst packte auch mit an.

„Eins, zwei, hohhhh!" kommandierte der Alte jetzt.

Es gelang ihnen, den Käfer leicht anzuheben, aber als sie ihn dann zur Seite tragen wollten, um ihn abzulassen, gab einer der Männer in den Knien nach. Im nächsten Moment geriet der Wagen in eine bedrohliche Schieflage.

„Langsam, langsam mit die schnelle Pferde!" rief der Großvater aus. „Höher! Höher!" schrie er mit hochrotem Kopf.

Doch da war schon nichts mehr zu retten. Der Wagen rutschte den Männern aus den Händen und knallte auf der Fahrerseite auf den Asphalt. Für eine Sekunde sah es so aus, als würde er auf die Seite kippen, kam dann aber doch auf seine vier Räder zurück.

Andreas schüttelte den Kopf und grinste schadenfroh. Was waren das für Idioten!

Krossmann bückte sich zur vorderen Stoßstange hinunter und prüfte den Schaden. Die anderen standen mit dummen Gesichtern um ihn herum.

Andreas konnte erkennen, wie der Alte jetzt an der Stange rüttelte. Sie war offenbar links vorne aus der Verankerung gerissen.

Als Krossmann wieder hochkam, ging unter den Dreien plötzlich der Zoff los. Jeder machte jeden verantwortlich.

Der Alte hielt sich raus, ließ die Männer streiten. Entweder er hatte Schiß sich einzumischen, dachte Andreas, oder aber er hoffte, ihnen ihren versprochenen Lohn vorenthalten zu können, wenn sie sich gegenseitig zerfleischten.

Aber plötzlich war Schluß mit der lauten, aufgeregten Debatte. Alle drei stellten sich gegen Krossmann und verlangten ihr Geld.

„Ihr habt meinen Wagen beschädigt", hielt ihnen der Alte entgegen. „Ihr seht's doch! Wer bezahlt mir das?"

Sie schrien sich wieder gegenseitig an, waren völlig durcheinander. Andreas verstand kein Wort, aber an den Gesten des Alten erkannte er dessen offensive Haltung. Es imponierte ihm. Genauso würde er das auch regeln.

Nun aber formierten sie sich wieder gegen ihn. „Wir haben dir deinen alten Bock da runtergeholt, und jetzt wollen wir

auch unsere Kohle!" rief der kleinste der Männer, der ein merkwürdig gemustertes Hemd trug. Wie ein Buschhemd sah es aus,
schmunzelte Andreas. Als komme er direkt aus dem Urwald.

Krossmann schob seinen Fuß unter die lädierte Stoßstange
und ließ sie auf und ab wippen. „Also dafür verlangt ihr ernst-
haft Kohle?" fragte er zynisch. „Ich kann euch auch anzeigen.
Wegen Sachbeschädigung!"

Die Männer sahen sich irritiert an. Aber dann baute sich der
mit dem Buschhemd vor ihm auf. „Wenn du willst, können wir
dein Auto auch aufs Dach legen", drohte er. Seine Begleiter
stellten sich neben ihn. Krossmann war umringt.

„Scheiße", entfuhr es Andreas in seinem Versteck. Eigentlich
wollte er den Alten zur Rede stellen. Aber was da nun vor seinen Augen ablief, war kein Film.

Das Buschhemd ging einen Schritt auf den Alten zu und versetzte ihm mit beiden Händen einen Schubs gegen die Brust.

Krossmann war auf die Attacke nicht gefaßt. Er taumelte
einen Schritt nach hinten und stolperte über die Bordstein-
kante. Im letzten Moment konnte er sich fangen. Die anderen
rückten nach. Jetzt stand er mit dem Rücken zur Abbruch-
mauer.

„Gibt es hier irgendwelche Zeugen?" Das Buschhemd kniff
gefährlich die Augen zusammen und sah sich um. Auf der Straße war niemand. „Ich glaube kaum."

„Ich hätte mir ja gleich denken können, daß solche Schnaps-
drosseln wie ihr keine Muckis haben!" sagte Krossmann selbstbewußt. „Und jetzt benehmt euch mal anständig!"

„Sag das noch mal!" Jetzt ging der größte der drei, dem eine breite Narbe das Gesicht entstellte, wutentbrannt auf ihn zu.

„Frag ihn lieber, wo er sein Geld hat", sagte das Buschhemd.

„Wir können uns unseren Kies hier nämlich auch selber holen, Opa." Das Narbengesicht schob sich drohend nah an ihn heran.

„Ich kann doch nicht zusehen, wie die ihn kaltmachen", schoß es Andreas durch den Kopf. Er verstand zwar hinter der Fensterscheibe nicht, was sie redeten, aber daß sich die Situation bedrohlich zuspitzte, war unverkennbar. Der Alte blieb offenbar stur, wollte ihnen ihre Kohle nicht geben. Vielleicht dachte er, mit so ein paar Säufern würde er locker fertig. Wenn er sich da nur nicht verkalkulierte! Und diese abgewrackten Typen hätten in der menschenleeren Straße leichtes Spiel mit ihm. Wenn sie ihn zusammenschlagen würden – nicht mal seine Hilfeschreie würden hier jemanden erreichen. Niemanden außer ihm.

Das Narbengesicht packte Krossmann hart am Kragen und zerrte ihn zum Wagen. Da stieß ihm der Alte mit dem Knie mit voller Wucht zwischen die Beine. Sein Gegner schrie vor Schmerz auf und ließ von ihm ab. Er sank auf den Boden und drückte stöhnend die Hände ans Geschlecht.

Aber nun stürzten sich die beiden anderen auf Krossmann. Jeder packte einen Arm. Mit aller Gewalt preßten sie seinen Oberkörper auf die Motorhaube. Er konnte sich nicht mehr wehren!

„Laßt den Mann los, sonst rufe ich die Polizei!" schrie Andreas. Er hatte sich aus dem Fischladen geschlichen und sich in sicherer Entfernung auf der anderen Straßenseite aufgebaut. „Die nächste Kneipe ist hier um die Ecke, und die hat Telefon!" Er war zwar für sein Alter groß und stämmig und auch nicht gerade unerfahren mit Raufereien, aber gegen diese Typen hätte er keine Chance, und dann hätte es zwei Verlierer gegeben: den Alten und ihn.

Verblüfft blickten sie zu Andreas hinüber und ließen von Krossmann ab. Überrascht schauten sie sich an. Damit hatten sie nicht gerechnet. Woher war der plötzlich aufgetaucht? Gerade eben war die Straße doch noch menschenleer?

Das Buschhemd machte dem Narbengesicht mit einer auffordernden Kopfbewegung klar, daß er sich Andreas schnappen sollte.

Aber Narbengesicht schüttelte den Kopf. „Zu weit weg."

„Los, versuch's trotzdem!"

Nun sprintete Narbengesicht los.

Andreas hatte damit gerechnet und rannte in Richtung Kneipe, drehte sich dabei aber immer wieder um.

Krossmann löste sich vorsichtig vom Wagen, und als er merkte, daß die beiden nicht auf ihn reagierten, schlich er in Richtung Fahrertür. Das Buschhemd und der dritte waren so mit der Verfolgungsjagd beschäftigt, daß es ihm schließlich gelang, die Fahrertür aufzureißen und sich in den Wagen zu schwingen.

Durch das Geräusch aufgeschreckt, stürzten sie auf ihn zu. Aber da zog Krossmann die Tür von innen zu und verriegelte sie. Rasch startete er den Motor. Das Buschhemd zog am Griff und trat wutentbrannt mit dem Fuß gegen das Blech, während der dritte sich vor der Kühlerhaube aufbaute.

Krossmann gab rücksichtslos Gas. Nur knapp konnte der dritte sich mit einem Sprung zur Seite in Sicherheit bringen.

Krossmann sah, daß Narbengesicht Andreas noch nicht eingeholt hatte, der Abstand war immer noch etwa derselbe. Extra knapp preschte er an ihm vorbei, rammte ihn fast. Dann hatte er endlich zu Andreas aufgeschlossen.

Krossmann bremste hart ab und entriegelte die Beifahrertür.

Andreas stieg ein. „Puh, das war knapp!" rief er aus und knallte die Tür zu.

Der Alte gab wieder Gas und fuhr verbissen weiter. Andreas würdigte er mit keinem Blick.

Was hat er denn, dachte Andreas. Ist es der Schock oder was? Er blickte sich noch einmal nach den Männern um, die ihnen nun nur noch ihre Flüche hinterherschicken konnten.

„Du könntest mir ein Bierchen spendieren", sagte er schließlich.

Noch immer keine Reaktion. Aber da war wieder dieses typische Zucken der Wange.

„Immerhin habe ich dir gerade das Leben gerettet!"

Begleitet von einem zynischen Grinsen stieß Krossmann die Luft zwischen den Zähnen aus. „Ich dachte, das war ich, der hier gerettet hat."

Andreas starrte ihn verwundert an. „Wie? Du?"

„Ja, wer hat dich denn gerade ins Auto geladen? Der Typ hätte dich doch glatt fertiggemacht!"

27

„Nur, wenn er mich erwischt hätte. Hätte er aber nicht!"

Krossmann überlegte einen Moment. „Was hast du hier eigentlich zu suchen gehabt? Zufällig bist du bestimmt nicht hier. Du hast mir doch nachspioniert!" Die Stimme des Alten klang hart und metallisch.

Daher weht der Wind, dachte Andreas. Jetzt könnte es gefährlich werden.

Aber Krossmann wartete gar nicht erst auf eine Ausrede. „Du hast mir doch die ganze Scheiße hier eingebrockt! Und lüg mich jetzt bloß nicht an!"

Andreas wurde es flau im Magen. Der Alte hatte alles durchschaut. „Es sollte doch nur ein Maischerz sein", gestand er kleinlaut. „Ich konnte doch nicht ahnen …"

Der Alte unterbrach ihn harsch. „Und jetzt wolltest du dich beim Abbau amüsieren, oder was?"

Er hatte wohl nicht den Dunst einer Ahnung davon, wieviel Überwindung es Andreas gekostet hatte, aus seinem Versteck hervorzukommen und einzugreifen. „Sei doch froh, daß ich da war!"

„Mit den Typen wäre ich auch allein klargekommen!"

Andreas grinste. „Die hätten dich fertiggemacht! Ich hab's doch mitgekriegt." Jetzt bereute er, sich eingemischt zu haben. Hätten die Penner dem Alten doch eine Abreibung verpassen sollen! Verdient gehabt hätte er sie ja ohnehin! Andreas wandte seinen Kopf ab und sah starr geradeaus.

Krossmann beschloß zu schweigen. Kurz vor der Wolliner Straße, wo sie in einem Hochhaus beim Güterbahnhof der

Nordbahn wohnten, hinter dem sich die Mauer entlangzog, bog er ab in die Swinemünder Straße und fuhr an der U-Bahn-Station Gesundbrunnen vorbei in Richtung Norden. Er fühlte sich ausgezehrt. Nicht nur vom Kampf mit diesen Pennern, die ihn berauben wollten. Er kam mit seinen Enkelkindern überhaupt nicht mehr zurecht. Sie waren frech und unzugänglich und machten, was sie wollten. Das war nun der Dank dafür, daß er sie überhaupt aufgenommen und für sie gesorgt hatte. Er wollte jetzt nicht nach Hause und fuhr ziellos weiter, die Schwedenstraße hoch bis zur Ecke Osloer Straße, wo er rechts abbog.

An der Stelle, wo die Osloer Straße in die Bornholmer Straße überging, fragte Andreas plötzlich: „Was ist mit dir? Wohin fahren wir eigentlich?"

„Wirst du schon noch sehen, wohin die Fahrt geht!"

„Aber da hinten geht es doch gar nicht mehr weiter! Da kommt doch gleich die Mauer!" Langsam wurde es ihm unheimlich.

Aber Krossmann schwieg. Immer weiter steigerte er sich in seine schweren Gedanken hinein.

Andreas sank immer tiefer in seinen Sitz. Was wollte er in dieser gottverlassenen Gegend?

Sie fuhren am Sophien-, dann am St. Elisabeth-Friedhof vorbei. „Tut mir leid", sagte er schließlich. „Ehrlich."

Aber der Alte reagierte nicht und starrte immer noch geradeaus.

Dann fiel ihm Christine wieder ein und es begann in ihm zu arbeiten. Andreas dachte an die blauen Flecken an ihrer Schul-

ter. Der konnte doch nicht so tun, als sei er ein Unschulds-
lamm! „Aber Christine hättest du deswegen trotzdem nicht
wehtun dürfen!" brachte er schließlich hervor.

„Die hat doch schon immer gelogen wie gedruckt!" erwiderte Krossmann kalt.

In Andreas kochte die Wut wieder hoch. Wenn er könnte,
würde er den Alten zwingen anzuhalten. Und dann würde er
ein Geständnis aus ihm herausprügeln. „Du wirst doch nicht
behaupten wollen, sie hätte sich die Flecken selbst an ihre
Schulter gezaubert!"

„Kein Wunder, daß eure Eltern euch damals bei uns abgestellt haben", sagte Krossmann jetzt gehässig. Aber er sagte es
mehr zu sich als zu Andreas.

Andreas lebte mit seiner Schwester schon bei den Großeltern,
solange er zurückdenken konnte. An die Eltern hatte er nur
noch blasse Erinnerungen und Christine gar keine, sie war damals noch ein Baby. Auf ihre Fragen hin hatten sie nie eine be-
friedigende Antwort erhalten. Einmal war von einer schweren
Krankheit die Rede gewesen, das andere Mal hieß es, sie hätten
auswandern müssen oder seien ausgewiesen worden oder so etwas. Er hatte es nie richtig verstanden. Nachfragen durfte man
nie. Und irgendwann hatten sie es schließlich auch aufgegeben,
darüber nachzudenken. Aber jetzt kam alles wieder hoch.

„Abgestellt? Was heißt denn abgestellt?" fragte Andreas. Sein
Herz pochte wie wild. Wie kam der Alte plötzlich darauf?

„So, wie man eben zwei Koffer vor der Haustür abstellt.
Dann klingelt man und rennt weg."

„Das glaub ich nicht", rief Andreas empört. „Haben die uns wirklich vor eurer Haustür abgestellt, haben geklingelt und sind dann weggerannt?"

Eigentlich wollte Krossmann an die ganze Sache nicht mehr erinnert werden. „Andere Leute legen ihre Babys vor fremden Türen ab oder vor dem Eingang einer Klinik. Eure Eltern haben euch wenigstens zu euren Großeltern gebracht."

„Und warum?"

„Ich hab dir schon tausendmal gesagt, daß ich dir das nicht beantworten kann!" erwiderte er gereizt. Er hätte mit dem Thema doch nicht anfangen sollen!

Wenn Christine damals ein Baby war, dann wäre ich ja schon immerhin vier gewesen, überlegte Andreas laut.

Krossmann aber fiel wieder in sein Schweigen zurück. Er lenkte den Wagen am Humboldthain vorbei in die Rügener Straße. Wenig später waren sie zu Hause. Kaum hatte er den Wagen geparkt, stieg Andreas wortlos aus und knallte die Tür zu.

Wie sollte er nur seine Verwirrung vor Christine verbergen? Sie durfte auf keinen Fall etwas erfahren. Womöglich war alles gar nicht wahr, und es würde sie völlig umsonst verletzen. Aber jetzt mußte er erst mal nach Tinchen sehen.

Als er ihr Zimmer betrat, saß sie an dem kleinen Resopaltischchen, an dem sie immer ihre Hausaufgaben machte, und knallte ihr Matheheft hin. „Ach, Scheiße!" rief sie aus. „Ich kapier das einfach nicht!" Sie sah ihn fragend an. „Am Dienstag schreiben wir 'ne Arbeit! Kannst du mir das mal erklären?"

„Morgen", sagte er müde und begann sich auszuziehen.

„Und, wie hat der Alte reagiert?" fragte sie.

„Ich muß jetzt erst mal ins Bad", erwiderte Andreas und ging.

Christine begann, sich ebenfalls fürs Bett fertig zu machen.

Vorsichtig klopfte es an der Tür. Großmutter schob ihren Kopf herein. „Tut mir leid, daß er so grob war zu dir. Ist Andreas auch da?"

Christine nickte.

„Dann ist ja alles gut." Sie ging auf Christine zu und wollte sie in den Arm nehmen. Doch dann zögerte sie plötzlich. Christine konnte so abweisend sein.

Aber nun war es Christine, die auf sie zukam und sie heftig an sich drückte. Frau Krossmann spürte die Brüste des Mädchens auf ihrem Busen. Christine drückte ihr einen knappen Kuß auf die Wange. „Du kannst ja nichts dafür, Oma!"

Frau Krossmann war erleichtert. Es war so schwierig mit den Kindern, und immer stand sie zwischen ihnen und ihrem Mann. Sie strich ihr über ihre Mähne. „Dann schlaf schön, mein Kind!"

„Du auch, Oma", sagte Christine lieb.

Vor der Tür blieb sie stehen und wandte sich noch mal ihrer Enkeltochter zu. „Weißt du was? Morgen gehen wir für dich einen BH kaufen. Deinen ersten!" Sie zwinkerte ihr zu.

Überrascht blickte Christine auf die Wölbungen ihrer Brüste. „Na ja", meinte sie zögernd, „wird vielleicht schon langsam Zeit. Wenn du meinst!"

„Ich meine!" erwiderte Frau Krossmann entschlossen und ging.

„Ist gebongt!" rief Christine ihr hinterher. Sie drehte sich zur

32

Wand und zog ihr Unterhemd aus. Da öffnete sich wieder die Tür hinter ihr. Sie warf einen Blick über ihre Schulter. Andreas.

„Kannst du nicht anklopfen?" fragte sie vorwurfsvoll.

„Seit wann muß ich hier denn anklopfen? Das ist schließlich auch mein Zimmer!"

„Ja, aber nicht, wenn ich gerade am Umziehen bin!"

„Entschuldigung, die Dame!" erwiderte Andreas ironisch, verzog sich in sein Bett, das an der gegenüberliegenden Seite des Zimmers stand, und drehte sich zur Wand.

„Wegsehen!" rief Christine.

„Mach ich doch", entgegnete er genervt.

„Du bist mir noch 'ne Antwort schuldig. Wie hat der Alte reagiert?" fragte Christine.

Was sollte er nur tun? Bisher hatten sie sich immer alles erzählt, alles, was sie den Tag über erlebt hatten. Und wenn es Probleme gab, hatten sie Pläne geschmiedet, was sie unternehmen könnten. Eigentlich gab es immer Probleme …

„Wie soll er reagiert haben?" antwortete Andreas ausweichend. Die Geschichte mit dem Auto könnte er ihr ja erzählen, überlegte er. Aber über das mit ihren Eltern würde er nie ein Wort verlieren, nie ein Sterbenswort, das schwor er sich.

„Ich erzähl's dir morgen", sagte er jetzt entschieden. „Ich bin müde und muß morgen wieder früh raus."

„Ich auch", sagte sie und schlüpfte nun auch unter ihre Decke. „Aber ich will trotzdem wissen, was war!"

Andreas knipste das Licht seiner kleinen Nachttischlampe aus. „Ich weiß 'ne bessere Geschichte für heute abend", sagte er.

Durch das geöffnete Fenster hörten sie, wie es draußen zu regnen begann. Schwer fielen die Tropfen auf die Blätter der alten Kastanie.

„Aber bitte kein Märchen!" nörgelte Christine.

„Quatsch! Schließlich bist du ja kein kleines Kind mehr."

Sie seufzte. Und dachte zurück an die vielen Abende, an denen er ihr Geschichten erzählt hatte. Alle selber erfunden. Von der Freiheit der Meere. Von Segelschiffen und Walfängern. Und von Matrosen, die sich jede Frau leisten konnten, die ihnen gefiel …

„Aber jetzt hör mal", sagte er leise, „mal was ganz anderes. Mein Kumpel in der Autowerkstatt ist ein Roter."

Christine lag, wie ihr Bruder, auf dem Rücken. So kamen ihnen immer die besten Gedanken. Würzige Abendluft drang in ihr Zimmer.

„Ein Indianer?"

Andreas mußte lachen. „Nee, ich mein: ein Kommunist."

„So einer wie der Honecker?"

„Nee, der gehört für den auch zu den Unterdrückern. Und er sagt, gegen alle Unterdrücker muß man sich wehren. Notfalls auch mit Waffen."

„Hab ich mir heut' morgen auch gedacht. Wenn ich da ein Messer gehabt hätte, hätte der Alte keine Chance gehabt!"

„Und er hat gesagt, daß der ganze Wedding früher rot war und daß es einen Aufstand gab, eine richtige Revolution!"

„Kann ich mir nicht vorstellen", erwiderte Christine. „Hört sich aber trotzdem toll an!" Sie gähnte.

„Ich kann's mir hier auch nicht vorstellen, auf dieser Ab-raumhalde …"

Sie schwiegen.

Christine hörte auf seinen Atem. Sie konnte nie einschlafen, bevor er nicht eingeschlafen war.

Plötzlich erklang das Spiel eines Saxophons unter ihnen.

„Was soll denn das jetzt?", brummte Andreas, der kurz vor dem Einschlafen war.

„Hast du sie noch nicht gesehen?" fragte Christine.

„Wen?"

„Die neue Mieterin unten."

„Muß mir was entgangen sein."

„Ich hab sie gesehen, mit 'nem großen, schwarzen Koffer. Jetzt kapier ich, was da drin war …"

„Und, wie sieht sie aus?" fragte er.

Warum hatte er eigentlich ständig Weiber im Kopf? dachte Christine.

Wieder erklang die leicht abgehackte Melodie.

Christine begann, leise mitzusingen. *Oh Lord, won't you buy me a Mercedes Benz …"*

„Janis Joplin."

„Genau."

„Dann könnte sie ja zu uns passen, die Neue", meinte er.

„Aber das Stück paßt nicht zum Saxophon."

„Jetzt halt die Klappe, Tinchen. Ich hab morgen wieder 'nen anstrengenden Tag."

„Aber morgen erzählst du mir alles!"

3

„Primzahlen?" Christines Großmutter las sich die Aufgaben-
stellung im Rechenbuch durch und verstand kein Wort. Eigentlich hatte ja Andreas versprochen, Christine zu helfen, wenn er
von der Arbeit zurück war. Aber er kam und kam nicht. Christine hatte gleich morgen in der ersten Stunde ihre Mathearbeit,
und die Zeit wurde immer knapper. Primzahlen, davon hatte
sie in ihrem ganzen Leben noch nichts gehört.

Christine saß am Küchentisch und vergrub das Gesicht verzweifelt in ihren Händen. „Heißt das, du kannst mir auch nicht
helfen?"

„Als ich noch zur Schule ging, gab's die noch gar nicht, die
Primzahlen", behauptete die Großmutter. „Aber Frau Kupke
muß es euch doch erklärt haben!"

Das war ja das Schlimme, dachte Christine. Sie hatte nicht
aufgepaßt. Und schuld daran war Anja. Diese blöde Kuh. In
der großen Pause hatte sie Frau Kupke, die Lehrerin, be-
schwatzt und herumgekriegt, sich von ihr weg und neben
Thomas setzen zu dürfen. Und das alles nur, weil sie von ihr in

36

Bio abgeschrieben hatte. Dabei war das ja nicht mal aufgefallen.

„Ich laß mir von dir nicht meine Gedanken klauen", hatte Anja ihr vorgeworfen. Dafür mußte sie jetzt neben Pit sitzen, den sie sowieso nicht leiden konnte. Niemand mochte den. Pit war der Klassenletzte. Der würde eher von ihr abschreiben als umgekehrt. Und außerdem hatte er Mundgeruch. Man sah es seinen gelben Zähnen an, daß er sie nie putzte.

Sie dachte wieder an die Klassenarbeit. Wenn Andreas nicht bald auftauchte, konnte sie morgen gleich zu Beginn der Stunde ein leeres Heft abliefern und sich anschließend einen schönen Tag machen. Wenn es allein die Primzahlen gewesen wären. Aber dann kamen ja auch noch die Brüche dazu!

Sie nahm der Großmutter das Rechenbuch wieder aus der Hand. Da standen unterschiedliche Brüche und verschiedene Anweisungen. Sie blickte überhaupt nicht durch.

Frau Krossmann ging zum Herd. Seit Andreas seine Lehrstelle hatte und mittags nicht nach Hause kam, kochte sie immer erst abends. Auch wenn das ihrem Mann nicht paßte. In der Küche hatte sie das Sagen.

„Warum fragst du eigentlich nicht deine Freundin Anja? Oder kennt die sich auch nicht aus?"

„Anja ist nicht mehr meine Freundin!" erwiderte Christine abweisend.

Frau Krossmann fragte nicht weiter nach. Sie wußte, daß sie keine weiteren Auskünfte erhalten würde. Über alles, was sie enttäuschte, schwieg Christine sich aus.

Sie schreckte die gekochten Kartoffeln unter dem kalten Wasserstrahl ab und begann, die Bratenreste vom Sonntag kleinzuschneiden.

„Rat mal, was es heute gibt?" fragte sie über ihre Schulter hinweg.

Christine warf einen kurzen Blick auf das Küchenbrett und starrte dann wieder in ihr Mathebuch.

„Na?"

„Hoppel-Poppel." Endlich huschte ein kurzes Lächeln über Christines Gesicht, das sie aber vor der Großmutter verbarg.

„Dein Lieblingsessen! Oder magst du es plötzlich nicht mehr?"

Christine schwieg.

Frau Krossmann erhitzte das Schweineschmalz in der gußeisernen Pfanne, kippte die Bratenreste hinein, schnitt Zwiebelringe dazu und begann, die Kartoffeln zu pellen.

„Wenigstens etwas Gutes an so einem doofen Tag", nuschelte Christine mißmutig vor sich hin.

„Na siehst du … Könntest du bitte den Tisch decken?"

Das Schlimmste war, dachte Christine, daß Frau Kupke sauer auf sie sein würde, wenn sie die Arbeit nicht schaffte. Denn Frau Kupke, ihre Klassenlehrerin, war wahnsinnig nett. Sie hatte auch schwarze Haare, wie sie, aber ganz kurz. Und sie fragte sie immer, wie es ihr geht. Fast jeden Tag.

Plötzlich stand der Alte in der Küche. „Kannst du nicht auch mal was machen?" pflaumte er Christine an.

„Was machen?" Christine sah irritiert zu ihm hoch.

„Den Tisch decken, zum Beispiel!"

„Wollte sie doch gerade", schaltete sich die Großmutter ein.

„Ich seh noch nichts davon."

Unwillig packte Christine ihre Sachen zusammen. Unter dem strengen Kommandoauge des Alten holte sie die tiefen Teller aus dem Küchenschrank, knallte sie auf den Tisch, daß sie wackelten. Das Besteck schob sie absichtlich unordentlich daneben.

„Tiefe Teller?" monierte er sofort. „Für Hoppel-Poppel? Weißt du immer noch nicht, daß man dafür flache Teller nimmt?"

„Sie ist doch noch ein Kind!" versuchte die Großmutter zu vermitteln. Sorgsam verteilte sie nun das Essen auf die Teller.

„Und die Gläser?" mäkelte er weiter.

„Dein Bier kommt gleich!" Sie holte aus dem Kühlschrank ein kleines Pils, goß ihm ein Glas ein und servierte es ihm.

Wir sind hier doch nicht in seiner Stammkneipe, dachte Christine, sagte aber nichts. Wieso bediente sie ihn immer?

Krossmann trank gierig sein Glas aus, rülpste und begann, das Essen in sich hineinzuschaufeln.

Christine hatte Hunger, stocherte aber lustlos auf ihrem Teller herum. Der Alte widerte sie an. Sie warf einen Blick auf Oma, die sich nun endlich zu ihnen gesellte und, bevor sie sich Wasser eingoß, zuerst Christine bediente.

Sie würde nie verstehen, wie man mit so einem Mann sein ganzes Leben verbringen konnte, dachte Christine. Mit einem Mann, der einen nur anekelt.

39

„Wo steckt eigentlich dein Bruder?" fragte der Alte unvermittelt.

„Ist doch nicht meine Sache", erwiderte sie, ohne ihn anzusehen.

„Christine wartet doch auch schon die ganze Zeit auf ihn", erklärte die Großmutter und richtete einen fragenden Blick auf ihren Mann. „Kannst du ihr nicht vielleicht helfen. Sie hat morgen eine Mathearbeit."

Krossmann sah seine Frau mit einem stechenden Blick an und setzte ein abschätziges Grinsen auf. „Wenn sie's bis jetzt nicht begriffen hat, dann begreift sie's sowieso nicht mehr!"

„Aber ich kann ihr nicht helfen, ich versteh' das Zeugs, das die Kinder heute lernen müssen, einfach nicht!" versuchte sie zu erklären. „Kannst du nicht mal wenigstens in ihr Mathebuch schauen. Vielleicht kennst du dich ja noch irgendwie aus."

Krossmanns Antwort war Schweigen.

Christine schob den Teller von sich weg und stand auf.

„Du bleibst sitzen. Wir sind beim Essen!" befahl der Alte.

Aber Christine ließ sich nicht beeindrucken. Sie mußte Andreas finden. Entschlossen ging sie zur Tür.

„Hiergeblieben!" rief Krossmann aus.

Haßerfüllt wandte Christine sich zu ihm um. „Pförtner verstehen nichts von Mathe! Hätte ich mir ja denken können!" Sie verließ die Küche.

Frau Krossmann sprang auf, um sie festzuhalten. Dann ließ sie hilflos die Schultern sinken.

„Sie wird von Tag zu Tag unverschämter", sagte er. „Und kannst du ihr nicht endlich mal was für ihre Titten kaufen?"

„Für ihre Brüste", korrigierte sie ihn.

Er sah sie verständnislos an.

„Wollten wir eigentlich heute machen", fuhr sie fort. „Aber da kam jetzt das Matheproblem dazwischen."

„Mach dich doch nicht lächerlich und tu nicht so, als wäre das jetzt völlig neu. Christine hatte doch schon immer Schulprobleme!"

„Kannst du nicht ein einziges Mal nett zu ihr sein und ihr helfen?" warf sie ein.

„Nett?" fragte er zynisch. „Es beruht alles auf Gegenseitigkeit. Hast du sie schon irgendwann einmal danke sagen hören? Ich nicht!"

„Das wird sie sicher noch lernen."

„Bist du so naiv oder tust du nur so?"

Jetzt war ihr das Essen auch verdorben. Ohne zu überlegen, nahm sie Christines und ihren Teller und schüttete die Reste in den Abfalleimer.

Christine war die Treppe hinuntergerannt und stieß im Erdgeschoß fast mit der Saxophonistin zusammen.

„Wer bist denn du?" fragte die junge Frau und blickte Christine mit interessierten, großen blauen Augen an.

„Christine."

„Christine Krossmann?" fragte sie zurück.

„Nein, Walter", stellte Christine klar. „Krossmann heißen meine Großeltern!"

„Ich werd's mir merken. Ich bin am Wochenende erst einge-zogen", erwiderte die junge Frau und streckte Christine die Hand hin.

„Ja, das haben alle schon gemerkt", sagte Christine und nahm ihre Hand.

„Wegen meines Saxophons? Ist es denn sehr laut?"

„Jedenfalls gibt's von Janis Joplin bessere Sachen."

„Was denn zum Beispiel?"

„*Me and Bobby McGee.*"

„Da hast du nicht ganz unrecht. Kennst dich ja prima aus."

„Mein Bruder hat sich 'nen Plattenspieler gekauft."

„Und da darfst du mithören?"

„Ich darf auch alleine hören, wenn ich will."

Die Frau sah auf ihre Armbanduhr. „Mensch, ich muß los!" rief sie und trat auf den Hof.

Christine folgte ihr. „Warum hast du es denn so eilig?" frag-te sie.

„Ich gebe Musikunterricht nebenher." Sie ging zu ihrem Mo-torrad, das sie drinnen im Durchgang abgestellt hatte.

„Und ich dachte, du bist vielleicht 'ne Studentin."

„Da hast du ganz richtig getippt. Ich studiere Musik." Sie schloß die dicke Kette, die ihre schwere KM sicherte, auf.

Christine staunte. „Sag bloß nicht, das ist deine Maschine?"

Die Frau lachte. „Hast wohl noch nie 'ne Frau getroffen, die Motorrad fährt, was?"

Christine schüttelte den Kopf und sah ihr jetzt neugierig dabei zu, wie sie mit ihrem halbhohen, schwarzen Lackstiefel den Ständer hochklappte und die Maschine durch den breiten Gang zu der grüngestrichenen Eingangstür schob.

„Kannst du mir mal aufmachen, bitte?" rief sie.

Christine lief nach vorne und zog die Eisentür auf, die so schwer war, daß sie immer ihr ganzes Körpergewicht dranhängen mußte, um sie überhaupt in Bewegung zu setzen.

„Danke!" rief die Frau und schob ihre Maschine auf die Straße hinaus. „Ich hab dir noch gar nicht gesagt, wie ich heiße!" fiel ihr ein.

„Morrison", antwortete Christine. „Steht doch auf dem Türschild."

„Du kannst Kitty zu mir sagen." Sie schwang sich auf den Sitz.

„Dann kommst du bestimmt aus England!" meinte Christine und lächelte sie an.

„Erklär ich dir später. Kannst mich ja mal besuchen kommen. Dann können wir ein bißchen länger miteinander plaudern! Ist das eigentlich dein Bruder, der Junge, der da oben wohnt?"

„Ja, Andreas."

„So was von ähnlich hab ich noch nie gesehen", stellte sie fest. Dieselbe Figur, groß und stämmig, dachte sie, lange, schwarze Haare und ein markant und interessant geschnittenes Gesicht. „Aber Zwillinge seid ihr keine."

Christine schüttelte den Kopf.

Sie warf den Motor an, der sofort mit einem vollen und satten Klang aufbrauste.

Christine kam aus dem Staunen nicht mehr heraus. So etwas hatte sie noch nicht erlebt.

„Kann ich dich ein Stück mitnehmen?" rief Kitty ihr durch den Motorlärm zu. „Wo mußt du denn hin?"

„*Rolfs Pinte*", schrie Christine zurück.

„Dir geben sie doch noch gar kein Bier!" Kitty zwinkerte ihr zu.

„Aber meinem Bruder. Den muß ich abholen."

„Dann komm!" rief Kitty und klopfte mit der Handfläche auf den freien Platz hinter sich. „Setz dich drauf und gut festhalten!"

Christine schwang sich auf die Maschine und suchte nach einem Griff.

Kitty warf einen Blick über ihre Schulter und mußte lachen. Sie bewegte ihre Arme nach hinten und suchte kurz nach Christines Händen. Sie nahm sie, zog Christines Arme nach vorn und schlang sie um ihren Bauch. „So geht das!" erklärte sie knapp. „Und jetzt noch fest aufrücken. Sonst haut es dich schon beim Anfahren gleich aus dem Sattel!"

Endlich brausten sie los.

Christine jauchzte auf vor Begeisterung! Das war ja eine heiße Sache! Wie der warme Sommerwind über ihr Gesicht glitt und ihre Haare zerzauste … Hatte sie eigentlich einen Kamm dabei? Ach, egal, dachte sie.

Kitty fuhr nicht besonders schnell und auch nicht riskant. Nur einmal überholten sie einen Kleinlaster, der Kohlen geladen hatte. *Rolfs Pinte* lag ja gleich um die Ecke.

„War ganz toll! Vielen Dank fürs Mitnehmen!" rief Christine, als sie wieder abstieg. Sie fuhr sich mit beiden Händen durch die Haare, um sie wieder einigermaßen zu ordnen.

„Hauptsache, es hat Spaß gemacht", rief Kitty zurück. „Bis bald mal!" Dann ließ sie den Motor aufheulen und jagte davon.

Christine sah ihr nach. Immer noch spürte sie das angenehme Kribbeln im Bauch, als sie sich an ihr festgehalten hatte. Dann wandte sie sich der Kneipe zu. Hoffentlich ist Andreas noch nicht zu, dachte sie.

Aber Andreas saß munter vor einer Berliner Weißen und sog an einem langen Strohhalm. An einem zweiten Strohhalm sog Monika.

Es durfte ja wohl nicht wahr sein, daß er was mit der Kellnerin hatte, schoß es Christine durch den Kopf. Erstens hatte sie bisher immer geglaubt, Monika sei mit Rolf zusammen, und zweitens hätte ihr Andreas doch sicher was davon erzählt.

Monika ließ ihren Strohhalm los. „Hallo!" begrüßte sie Christine.

Christine nickte knapp und setzte sich neben Andreas. „Was machst denn du hier", schnauzte sie ihn an. „Ich denke, du wolltest mir bei Mathe helfen!"

„Au Scheiße, hab ich vergessen!"

„Und das muß ich jetzt ausbaden", sagte sie vorwurfsvoll.

„Wieso? Wir können doch den ganzen Abend noch …"

Christine unterbrach ihn. „Meinste vielleicht, wir können in zwei Stunden alles nachholen? Wie soll denn das in meinen Kopf noch reingehen!"

Monika schob ihr eine Cola hin. „Auf Kosten des Hauses. Worum geht's denn eigentlich?"

„Primzahlen", erwiderte Christine abfällig.

„Na, haste wenigstens kapiert, was 'ne Primzahl überhaupt bedeutet?" fragte Andreas.

Christine schüttelte den Kopf.

„Das ist eigentlich ganz einfach. Und wenn du das mal weißt, dann kannst du eigentlich auch damit umgehen."

„Eigentlich, eigentlich", erwiderte sie mürrisch. „Erklär's mir lieber mal."

„Primzahlen sind, von 1 angefangen, verschiedene natürliche Zahlen, die nur durch 1 und durch sich selbst teilbar sind", erklärte Andreas.

Monika sah ihn erstaunt an. „Ich wußte ja gar nicht, daß du ein Mathe-As bist!"

„Bin ich auch gar nicht", entgegnete er. „Hab zufällig in der Stunde mal aufgepaßt. Fand ich irgendwie toll, das ‚nur durch sich selbst teilbar'."

Christine war den Tränen nahe. Sie hatte überhaupt nichts verstanden. Was sollte denn das heißen, natürliche Zahlen? Gab es denn auch unnatürliche Zahlen?

„Na, Tinchen, was is?" fragte Andreas. Er sah ihr an, daß sie gleich losheulen würde und legte tröstend den Arm um sie. „Ich geb dir mal ein Beispiel: die Zahl 7. Durch was kannste die teilen?"

Christine dachte angestrengt nach. Dann zuckte sie die Achseln. „2 paßt nicht, 3 auch nicht, 4 und 5 sind schon zu groß."

„Du bist auf dem richtigen Weg", sagte Monika. Während sie nebenher die Gäste bediente, hörte sie interessiert zu.

„Was bleibt dann übrig?" fragte Andreas geduldig.

„1 und 7!" antwortete Christine unsicher.

„Bingo!" rief Andreas aus und löste seinen Arm. „Dann hast du es doch jetzt begriffen!"

Christine lächelte ungläubig. Was sollte sie denn jetzt begriffen haben?

„Die 7 kannst du nur durch 1 oder durch sich selbst, das heißt durch die 7 selbst teilen!" wiederholte er.

„Ach so!" erwiderte Christine ruhig. Jetzt hatte sie es endlich verstanden. Sie überlegte und zählte heimlich mit den Fingern nach. „Dann ist die nächste Primzahl 13."

„Genau. So einfach ist das", bestätigte Andreas.

Ein stolzes Lächeln huschte über ihr Gesicht, das sich aber sogleich wieder verfinsterte.

Monika registrierte es sofort und warf Andreas einen fragenden Blick zu. „Was ist denn jetzt schon wieder?"

Christine legte die Unterarme auf den Tresen und vergrub ihr Gesicht.

Andreas ließ die Schultern sinken.

„Ich muß ja diese Scheißbrüche auch noch lernen", murmelte sie und begann, leise zu weinen.

„Dann geh'n wir jetzt eben doch nach Hause und zieh'n das noch durch", entschied Andreas.

Jetzt sah sie ihn wutentbrannt an. „Ich bin doch keine Rechenmaschine!" schrie sie und schlug sich mit den Händen auf den Kopf. „Meinst du vielleicht, da geht noch irgendwas rein heute?" Die Tränen liefen ihr herunter.

Andreas wollte wieder seinen Arm um sie legen, aber sie wies ihn unwirsch zurück.

„Das ist alles bloß wegen dir!" Sie schluchzte. „Weil du nicht gekommen bist!"

Monika versuchte, die anderen Gäste abzulenken.

„Ich hab mich doch schon entschuldigt", erwiderte Andreas kleinlaut.

Christine atmete tief durch. Sie zog ein Papiertaschentuch aus ihrer Hosentasche und trocknete sich die Augen. Dann streifte sie ihre dünne, orangefarbene Bluse glatt und warf einen kurzen, verlegenen Blick in die Runde. Es war ihr jetzt peinlich, daß sie ausgeflippt war.

„Kann ich noch irgendwas für dich tun, Schwesterchen?"

Christine starrte vor sich hin. Was hatte Kitty gesagt? Sie würden sich so ähnlich sehen. Fast wie Zwillinge. Und war es nicht Frau Kupke gewesen, die gesagt hatte, sie hätte noch nie Geschwister gesehen, die sich so ähnlich sind wie Andreas und sie? Ihr kam da so eine Idee. „Du kannst was für mich tun!" begann sie.

„Und das wäre?"

„Du kannst den Mathetest für mich schreiben!"

Andreas sah sie verblüfft an.

„Überleg doch mal!" Christine machte es Spaß, sich in ihre Idee weiter hineinzusteigern. „Die Leute halten uns doch sowieso schon für Zwillinge!"

„Du spinnst doch", erwiderte Andreas. Jetzt war Tinchen endgültig übergeschnappt.

„Gar nicht schlecht, ihre Idee", mischte sich Monika wieder ein. „Ihr beiden seht euch doch tatsächlich zum Verwechseln ähnlich …"

„Misch du dich da nicht ein!" sagte Andreas zu Monika.

Monika zog die Augenbrauen hoch und wandte ihm den Rücken zu, war aber nicht wirklich beleidigt.

„Mein ich doch", sagte Christine. „Einfach ein kleiner Rollentausch. Du gehst morgen in meine Klasse und schreibst meine Arbeit, und ich hab meine Primzahl sicher in der Tasche!"

„Primzahl?" Andreas stutzte.

„Meine Eins, meine ich. Oder ist die 1 keine Primzahl?"

Andreas sah sie verwirrt an. „Eigentlich geht es erst mit 7 los, soviel ich weiß, denn 3 und 5 sind Primzahlzwillinge, soviel ich weiß …" Er starrte einen Moment lang verwirrt vor sich hin. „Aber jetzt weiß ich es auch nicht mehr so richtig …"

Monika legte ihre Hand auf seinen Arm. „Mach es doch nicht so kompliziert! 'Ne bessere Möglichkeit, Christine zu helfen, gibt es doch gar nicht!"

„Du mußt ja auch nichts reden", bestärkte ihn Christine. „Du gehst einfach rein, schreibst, gibst mein Heft ab und gehst wieder!"

Andreas zögerte. „Und wenn mich die Kupke anspricht? Sie hat mich ja schon mal mit dir zusammen gesehen in der großen Pause. Und immerhin bin ich ja ein bißchen größer als du!"

„Das ist ein ganzes Jahr her. Kurz bevor du deine Lehrstelle bekommen hast", erinnerte sie ihn.

„Außerdem kannst du einfach sagen, du bist erkältet und kannst nicht sprechen", sagte Monika.

„Mein Gott!" stöhnte Andreas. „Von zwei Frauen zur gleichen Zeit bearbeitet zu werden, das hält der stärkste Mann nicht aus! Noch ein Bier!"

Christine und Monika lächelten sich verschwörerisch zu, und Monika zapfte Andreas noch ein weiteres Bier.

„Aber die Schrift", fiel ihm ein, „spätestens an meiner Klaue wird die Kupke doch merken, daß irgendwas nicht stimmt."

„Meine Klaue ist ja auch nicht viel besser", konterte Christine. „Und außerdem mußt du ja bloß Zahlen schreiben."

„Und wenn der Kupke beim Korrigieren je ein Verdacht käme: Wie will sie das denn dann noch nachweisen?" ergänzte Monika und stellte ihm sein Bier hin. „Jetzt mach dir mal nicht ins Hemd!"

„O.k., ihr habt mich weichgeklopft!" ächzte Andreas und stemmte sein Glas hoch.

Christine und Monika spendeten ihm spontan Applaus, während er sein Bier in einem Zug austrank.

Andreas schaute seiner Schwester tief in die Augen. „'Ne Garantie gibt's aber keine!" sagte er und wischte sich mit der Rückseite seiner Hand über den Mund.

„Wie meinst du das?" fragte sie erschrocken zurück.

„Ich weiß nicht, ob ich da in allem noch so fit bin. Schließlich ist das ein paar Jährchen her, seit ich das in der Schule hatte!"

Auch Monika sah ihn verdutzt an. „Laß dich nicht bluffen!" sagte sie zu Christine und grinste Andreas kopfschüttelnd an.

4

Christine war froh, als sie die Hofeinfahrt endlich gefunden hatte. Es stand zwar keine Hausnummer an der Außenmauer, aber ansonsten sah alles so aus, wie Andreas es ihr beschrieben hatte: ein schmaler Hof mit einem langen Flachdachbau links, rechts eine langgezogene Begrenzungsmauer. „Gegenüber liegt eine *Freie Tankstelle*", hatte er gesagt. Sie drehte sich um und entdeckte die graue Zapfsäule gegenüber. Hier also mußte seine Autowerkstatt sein.

Sie ging in den großen, langgestreckten Hof hinein und sah sich um. Hier und da sprießten Grasbüschel aus dem Asphalt. Werkstatt reihte sich an Werkstatt. Der Widerhall von stampfenden Maschinen, Bohrern und Hämmern war zu hören.

Und jetzt, wie weiter? Konnte ihr mal einer erklären, wie sie das *Autohaus Pudelko* finden sollte? Nirgends ein Schild. Hätte Andreas auch ein bißchen genauer erklären können!

Ärgerlich ging sie auf die erste Klitsche zu. Da müßte ihr ja jemand Auskunft geben können. Sie kam an mehreren Wagen vorbei mit großen Plastikwürfeln auf dem Dach, die mit Nummern versehen waren. Mit dem Alten war sie auch schon mal in einer Autowerkstatt gewesen, als er seinen Wagen zur Inspektion brachte. Da hatte es im Hof ähnlich ausgesehen. Vielleicht war sie ja hier schon richtig.

Die große Tür zur Werkstatt stand offen.

Christine warf einen Blick hinein. Ein kühler Geruch von Diesel und Motorenöl kam ihr entgegen. Sie roch das gerne. Sie mußte an die Maschine von Kitty denken. Die hatte ähnlich gerochen.

Ein stark angerosteter weißer Fiat stand auf der Hebebühne. Im Hintergrund arbeitete ein Monteur. Christine konnte nur seine Beine im Blaumann sehen.

Christine ging hinein. Die zweite Hebebühne stand leer. „Hallo?!" rief sie. Der Blaumann arbeitete eifrig weiter. Wahrscheinlich hatte er ihren Ruf gar nicht gehört. Sonst war offenbar niemand da.

Sie mußte den Chef finden. Unbedingt. Sonst bekam Andreas Schwierigkeiten.

„Müller heißt er, ganz einfach Müller", hatte Andreas ihr gesagt und ihn notdürftig beschrieben: noch ziemlich jung, Halbglatze und einen witzigen Ohrring.

Christine trat aus der Kühle der Werkstatt heraus und sah sich um. Vielleicht war sie ja doch an der falschen Stelle gelandet. Da fiel ihr Blick auf ein Schild. Mühsam versuchte sie, die Aufschrift zu entziffern. Dann folgte sie einfach dem richtungsweisenden Pfeil.

Sie ging um das Gebäude herum und traf auf eine schlichte Glastür. In das Glas war ein Gitter aus feinem Draht eingewo-

52

ben. Wahrscheinlich war das mit einer Alarmanlage verbunden, dachte Chrsitine. Einbrecherschutz.

Christine schüttelte den Kopf. Wenn jeder Kunde erst zehnmal ums Haus laufen mußte, bevor er den Eingang fand ...

Vorsichtig drückte sie die Klinke der Glastüre nieder. Sie trat ein und kam an den Tresen, hinter dem eine hübsche Brünette auf die Tastatur einer Schreibmaschine einhämmerte. Die Tür hinter Christine fiel mit einem harten, metallischen Geräusch ins Schloß. Erst jetzt unterbrach die Sekretärin ihre Arbeit und sah genervt zu ihr auf.

„Kannst du nicht die Klinke in die Hand nehmen?" fuhr sie Christine an.

„Und kannst du mir mal sagen, wie man eure Klitsche finden soll?" entgegnete Christine frech.

Die Sekretärin stand auf und bequemte sich an den Tresen. „Worum geht's denn?" fragte sie gereizt. Dabei musterte sie Christine von oben bis unten. Sie hatte 'ne Menge Arbeit am Hals, und da hatte ihr eine wie die gerade noch gefehlt.

„Heißt der Chef hier vielleicht zufällig Müller?" fragte Christine.

„Müller gibt's viele. Aber du hast zufällig Glück. Unser Chef heißt auch so."

„Ich will ihn sprechen."

„ Ich darf ihn jetzt eigentlich nicht stören."

„Es geht um was Persönliches. Und es ist dringend."

Die Sekretärin musterte sie immer noch kritisch. „Ist Andy dein Bruder?" fragte sie plötzlich.

„Andy? Bei mir heißt er Andreas."

„ Seid ihr Zwillinge?"

Christine schüttelte den Kopf. „Ich kann die Platte langsam nicht mehr hören!" stieß sie aus. Immer wieder wurden Andreas und sie für Zwillinge gehalten oder sogar verwechselt, was sich bei der Mathearbeit ja hoffentlich als nützlich erwies. Trotzdem ging es ihr auf die Nerven, ständig darauf angesprochen zu werden. „Aber ich muß trotzdem mit dem Chef reden", forderte Christine schließlich.

„Der Chef ist stinkesauer, weil Andy seit einer Stunde unentschuldigt fehlt. Und im Hof stapeln sich die Wagen."

„Tut mir leid", lenkte Christine ein. „Ich hab eure Werkstatt nicht gleich gefunden! Andreas ist heute vormittag verhindert."

„Da hätte er ja auch anrufen können."

„Er wollte, daß ich das persönlich erledige. Damit die Sache auch Hand und Fuß hat."

Die Sekretärin zog die Augenbrauen zusammen. „Wie? Hand und Fuß?" fragte sie mißtrauisch.

Christine bemerkte, daß sie einen Fehler gemacht hatte. Andreas hatte gesagt: „Es wirkt überzeugender, wenn du persönlich hingehst und mich entschuldigst."

Er war so stolz, daß er die Lehrstelle bekommen hatte. Viele Jugendliche fanden überhaupt keinen Ausbildungsplatz. Und dann noch in seinem Traumberuf! Außerdem kam er mit dem Chef gut aus. Deshalb war es ihm ja so wichtig, keine Schwierigkeiten zu kriegen!

„Melde dich doch einfach krank", hatte sie ihm vorgeschlagen. Erstens würde sein Chef ihm diese billige Ausrede wohl kaum abkaufen, hatte er ihr entgegengehalten. Und zweitens wollte er so schnell wie möglich, nachdem er ihre Mathearbeit geschrieben hatte, wieder zur Arbeit, weil er hier gebraucht wurde. Er wußte ja, daß sie in der Firma alle Hände voll zu tun hatten und kaum noch nachkamen.

Jetzt öffnete sich die Tür, und ein junger Mann kam herein, auf den die Beschreibung von Andreas paßte.

„Da ist eine junge Dame, die will dich sprechen, Olaf", erklärte die Brünette.

Der Mann ging auf Christine zu und streckte ihr die Hand entgegen. „Du bist bestimmt Andys Schwester, stimmt's?"

Christine sah ihn erstaunt an und nickte.

„Dann mal raus mit der Sprache. Wo klemmt der Schuh?" Ein Haifisch aus Silber mit aufgerissenem Maul baumelte an einem kurzen Kettchen, das in seinem Ohrläppchen verankert war.

Mann, der Typ war ja richtig nett, dachte sie.

Die Sekretärin verzog sich wieder hinter ihre Schreibmaschine.

„Ich soll Ihnen ausrichten, daß Andreas heute erst später kommen kann, daß er aber kommt, sobald es geht", erklärte sie. „Ich soll Ihnen sagen, es ist ihm wichtig, daß ich es Ihnen persönlich ausrichte."

Müller sah sie verdutzt an. „Eine Begründung hat er dir nicht zufällig mitgegeben?"

55

„Es geht um ein privates Problem." So sollte sie das sagen.

Christine hatte diese Situation am Abend zuvor noch mit Andreas geprobt.

Müller hatte aufmerksam zugehört. Jetzt runzelte er die Stirn. „Und du?" fragte er. „Müßtest du denn nicht in der Schule sein um diese Zeit?"

Es war kurz nach halb neun.

„Das hängt damit zusammen", sagte sie.

„Wieder mal Zoff zu Hause, was?"

Christine wich seinem Blick aus.

„Andy hat mir schon von euren Schwierigkeiten mit eurem Großvater erzählt", erklärte er. Er wollte den Kids ja nicht zusätzlich Streß machen. Aber seine Firma war gerade erst als Ausbildungsbetrieb zugelassen worden. Da konnte er sich keine Scherereien mit den Azubis leisten.

„Irgendeinen Wisch brauche ich schon für meine Unterlagen. Einfach wegbleiben geht nicht, verstehste?" erklärte er Christine.

Christine verstand nicht, was er meinte. Wollte er vielleicht 'ne Krankmeldung, oder was? „Im nachhinein sich krankschreiben lassen? Ich weiß nicht, wie das gehen soll", erwiderte sie schließlich.

„Keine Krankmeldung, das meine ich nicht", entgegnete er. „Aber euer Großvater wird ihm ja wohl noch eine Entschuldigung schreiben können!"

Christine sah ihn mit großen Augen an. Dann schüttelte sie schnell den Kopf. „So was würde der nie tun", erwiderte sie.

„Aber warum denn nicht?" fragte er erstaunt.

Christine zuckte jetzt hilflos mit den Schultern.

Der Chef überlegte. Irgendwie tat Andy ihm leid. „Weißt du was?" sagte er schließlich. „Ich hab meine Zeit auch nicht gerade gestohlen, aber ich werd mal mit eurem Alten reden. O. k.?"

Alles, nur das nicht, schoß es Christine durch den Kopf. Was sollte sie nur sagen? Wenn Müller jetzt tatsächlich den Alten zu Hause anrief! Der Alte wußte doch von gar nichts! Und dann war Andreas dran!

Ihre Gedanken überstürzten sich. Dann würde der Alte auch erfahren, daß sie heute vormittag nicht in der Schule war. Aber morgen bekam sie die Klassenarbeit raus und sie müßte sie dem Alten zum Unterschreiben vorlegen! Spätestens dann würde der ganze Schwindel auffliegen!

Sie stand abrupt auf.

Müller sah sie fragend an. „Was ist denn los mit dir plötzlich?" fragte er.

„Meine Freistunde ist gleich zu Ende", behauptete sie. „Und danke!" Damit verließ sie den Raum.

Der Chef und die Sekretärin sahen sich fragend an.

Christine rannte aus dem Hof. Andreas mußte unbedingt erfahren, wie das hier gelaufen war. Irgendwie hatte sie Scheiße gebaut.

Mit dem Fahrrad würde sie es nicht mehr schaffen, ihn jetzt noch nach der großen Pause abzufangen. Am besten, sie fuhr mit der U-Bahn. Sie kramte in den Taschen ihrer Jeans nach

Geld, fand aber nur noch ein paar Zehn-Pfennig-Stücke. Das reichte nicht. Verdammt! dachte sie.

Sie schnappte sich ihr Fahrrad und radelte, so schnell sie konnte, die zweihundert Meter bis zur U-Bahn Station Putlitz-straße.

Eine kleine Insel mit verwelkten Blumen umfriedete den Eingang, begrenzt von einem Zaun.

Christine schloß ihr Fahrrad an eine der rostigen Stangen an und rannte die Treppen hinunter. Unten teilten sich die Gänge. Zwei Schilder wiesen in verschiedene Richtungen.

Christine starrte abwechselnd beide Schilder an. Sie wußte, daß sie Voltastraße aussteigen mußte. Das war ihre U-Bahn-Station. Keine hundert Meter von der Schule. Aber in welcher Richtung lag das von hier aus? Sie sah sich hilfesuchend um und trat auf die grauhaarige Frau zu, die einige Schritte hinter ihr eine Einkaufstüte die Stufen hinunterschleppte. Die Frau blieb stehen, und ohne ihre Tüte abzusetzen, deutete sie auf den rechten Eingang und erklärte Christine, daß sie Osloer Straße umsteigen müsse. Aber dort kannte sie sich dann wieder aus.

Da donnerte schon der Zug in den Tunnel. Christine erschrak und rannte, ohne sich zu bedanken, die restlichen Treppen hinab. Das Hupsignal ertönte bereits. Sie sprintete auf die erste Tür zu, über der das Signallicht im selben Rhythmus mit dem Ton der Hupe aufblinkte. Die Tür schloß sich, doch Christine schaffte es gerade noch hineinzukommen.

Entnervt ließ sie sich auf einen der freien Plätze fallen und atmete tief durch. Sie sah auf ihre Armbanduhr. Wie viele Statio-

58

nen waren es denn bis zur Voltastraße? Bis zur großen Pause mußte sie es schaffen!

Ein blasses Mädchen setzte sich ihr gegenüber. Ihre Wangen waren eingefallen, die Augen lagen tief. Das Mädchen starrte sie an, und Christine hatte das Gefühl, daß ihr glasiger Blick durch sie hindurchsah. Bestimmt wieder eine Heroinsüchtige, dachte Christine. Und dann kam ihr plötzlich wieder Janis Joplin in den Sinn, die an einer Überdosis Heroin gestorben war.

Vielleicht stimmt es ja, was Andreas sagt, dachte sie, das Leben ist kurz und beschissen. Aber deswegen so wie diese Süchtigen herumlaufen? Niemals, dachte Christine, niemals wollte sie, solange sie am Leben war, aussehen wie eine lebendige Leiche, so wie die da, die sie jetzt um Geld anbettelte.

„Ich hab selbst nichts!" zischte Christine sie an.

Die Drogensüchtige schob ihr ihre Hand hin. Mit der Innenseite nach oben.

Entsetzt starrte Christine auf die ausgemergelten, langen Finger und auf die merkwürdigen Flecken auf der fahlen Haut. Sie fuhr von ihrem Sitz auf und nahm die Drogensüchtige ins Visier. „Warum kämpfst du nicht?" hörte sie sich plötzlich fragen.

„Ich kämpfe doch. Für uns", erwiderte die Frau mit schwacher Stimme.

„Das seh ich!" erwiderte Christine verächtlich. „Verpiß dich endlich!"

Sie hatte jetzt wirklich andere Probleme! Sie sah sich um und entdeckte den Plan des U-Bahn-Netzes über einem der Fenster. Ein unentwirrbares Bündel von roten, gelben, grünen und schwarzen Linien. Frau Kupke hatte ihnen das System schon mal erklärt. Aber es hatte sie damals nicht interessiert.

Endlich zog die Drogensüchtige Leine.

Jetzt ärgerte sie sich, daß sie in der Schule nicht besser aufgepaßt hatte. Aber warum sollte sie das gesamte U-Bahn-Netz von Berlin auswendig lernen, hatte sie gedacht. Schließlich konnte sie von ihrer eigenen U-Bahn-Station aus überall hinkommen!

Sie dachte an Andreas. In genau diesem Augenblick saß er an ihrem Tisch in ihrer Schule und schrieb ihre Klassenarbeit. Wenn nur keiner ihren Rollentausch bemerkt hatte! Da paßte es ja gerade gut, daß Frau Kupke Anja von ihr weggesetzt hatte.

Glück im Unglück, dachte Christine und lächelte in sich hinein. Anja wäre es bestimmt aufgefallen, daß Andreas neben ihr saß, und nicht sie. Sie hatte ihr ja schon so viel von ihrem Bruder erzählt. Und Anja hätte sicher auch gepetzt.

Sie versuchte einen neuen Anlauf, anhand der Karte herauszubekommen, wie weit es bis zur Voltastraße war. Da fuhr die Bahn in die nächste Haltestelle ein und bremste so heftig ab, daß Christine sich an der nächstbesten Rückenlehne festhalten mußte.

Eine Menge Leute befanden sich auf dem Bahnsteig und drängten jetzt in den Wagen. Christine beschloß, die Sache mit dem Plan fallenzulassen und sich ihren Sitzplatz zu sichern. Mußte sie eben abwarten und bei der Ansage aufpassen.

Sie bemerkte die zwei Männer in den dunklen Lederjacken

nicht, die mit der Masse der anderen Menschen den Wagen betraten.

Kaum hatten sich die Türen wieder geschlossen, traten die Männer vom mobilen Ordnungsdienst auf den erstbesten Fahrgast zu. „Die Fahrscheine bitte!" Der Mann mit den struppigen grauen Haaren sagte es so laut, daß alle Anwesenden vorgewarnt waren.

Christine fuhr herum. Die Kontrolleure der BVG! Das hatte ihr gerade noch gefehlt! Von ihren Schwerpunktkontrollen hatte sie schon gehört. Aber ausgerechnet jetzt! Wenn die sie erwischten! Das würde wieder Ärger mit dem Alten geben! Vor allem aber würde es Zeit kosten. Kostbare Zeit. Und sie mußte doch unbedingt Andreas abpassen! Er mußte doch wissen, daß Müller den Alten anrufen wollte! Und dann müßten sie sich Gegenmaßnahmen überlegen!

Aber hier in der U-Bahn gab es kein Entrinnen. Die einzige Chance, die ihr blieb, war, an der nächsten Haltestelle auszusteigen, bevor die Typen sich zu ihr herangearbeitet hatten.

In den Augenwinkeln beobachtete sie, daß die Kontrolleure rasch vorankamen. In Arbeitsteilung arbeiteten sie sich von einem Fahrgast zum anderen durch.

Jedem Fahrgast zeigten sie zuerst ihre Ausweise, ehe sie die Fahrscheine kontrollierten, und die meisten Fahrgäste hielten ihren Fahrschein schon in der Hand, bevor sie an der Reihe waren.

Die Zeit lief. Irgendwas mußte ihr einfallen! Sie begann, in ihren Taschen zu kramen. Vielleicht hatte sie ja noch irgendwo einen alten Fahrschein. Den würde sie vorzeigen. Und wenn die Kontrolleure es merken würden, müßte sie eben sagen, daß sie den richtigen verloren hätte und so tun, als würde sie den Boden absuchen.

Sie fand aber keinen alten Fahrschein.

Am Fahrgeräusch hörte sie, daß der Zug sich verlangsamte und sich der nächsten Station näherte. Und jetzt meldete sich auch die Tonbandstimme: Nächste Station Leopoldsplatz.

Aber sie hatte keine Chance. Die Kontrolleure waren schnell aufgerückt, und der kleinere von ihnen sprach sie jetzt an.

„Tut mit leid", erklärte Christine und wich seinem Blick aus, „aber ich habe keinen gültigen Fahrausweis."

Der Kontrolleur drehte sich zu seinem Kollegen um. „Roland, kommst du mal?"

Dann wandte er sich wieder Christine zu und zog ein Protokollheft aus der Tasche.

„Dann zeig mal deinen Schülerausweis. Den wirst du ja dabeihaben!"

Christine versuchte, Zeit zu gewinnen. Umständlich kramte sie nach ihrer Geldbörse. Kollege Roland war noch mit anderen Fahrgästen beschäftigt, und der Zug würde gleich zum Stehen kommen.

Der Kontrolleur beobachtete sie mißtrauisch.

Als sich die Tür öffnete, rammte sie mit einer blitzschnellen Bewegung ihre Stirn gegen seinen Kopf. Sie hatte diesen Trick einmal in einem Film gesehen, und er war ihr seitdem nicht mehr aus dem Kopf gegangen.

Der Kontrolleur schrie vor Schmerz auf.

Christine nutzte den Augenblick und stürzte auf die Tür zu und nach draußen. Sie rannte, so schnell sie konnte.

Aber im nächsten Moment schon packte jemand von hinten ihre Jeansjacke.

Wie eine Wildkatze schlug Christine um sich und schrie.

Der zweite Kontrolleur, den der andere Roland genannt hatte, war ein Beamter der Schutzpolizei. Er bekam von hinten ihr rechtes Handgelenk zu fassen, dann das linke. Er schleuderte sie, ohne loszulassen, auf eine der Wartebänke und hielt sie fest, bis sein Kollege zur Stelle war.

„Die ist ja völlig durchgeknallt!" rief er aus.

Der andere rieb sich die Stirn. „Wenn du deinen Ausweis nicht zeigst, bringen wir dich aufs Polizeirevier. Und eine Anzeige wegen Körperverletzung behalte ich mir vor."

Sollte er sie doch anzeigen, der Arsch, dachte Christine. Wichtig war nur, daß sie Andreas noch erwischte. Aber die Chancen standen schlecht.

Der Kontrolleur spürte, daß sie nachgab und ließ ihre Handgelenke los.

Christine spie wütend aus. Dann holte sie aus ihrer Gesäßtasche eine kleine Geldbörse und zog ihren Ausweis heraus.

Roland, der vor ihr stand, notierte ihre Personalien. „Und jetzt erklär uns mal, warum du eigentlich keinen Fahrschein hast", wollte er wissen, während er weiter sein Formular ausfüllte.

„Der Automat war kaputt", log Christine.

Die Ausrede war ihr noch während der Bahnfahrt eingefallen.

„An jedem Bahnsteig gibt es zwei Automaten. Du willst uns doch nicht erzählen, daß beide ausgefallen sind."

„Um noch den anderen zu probieren, fehlte die Zeit. Da lief nämlich schon der Zug ein."

Diese Typen glaubten einem ja sowieso nichts. Andreas hatte ihr erzählt, daß man keinem über dreißig glauben dürfe und der Polizei schon gar nicht. Und diese BVG-Kontrolleure und die Polizei arbeiteten bestimmt zusammen!

„Welcher Automat eigentlich? Wo bist du zugestiegen?"

„Putlitzer Straße", antwortete sie.

Der Kontrolleur notierte ihre Aussage. „Wir überprüfen das", erklärte er und gab ihr den Ausweis zurück.

„Hast du die sechzig Mark Strafgebühr dabei?"

Christine schüttelte den Kopf. „Wenn ich soviel Geld mit mir rumschleppen würde, dann hätte ich mir ja auch locker 'nen Fahrschein leisten können", sagte sie und merkte im nächsten Augenblick selbst, daß sie sich mit dieser Aussage in den Mist geritten hatte. „Scheiße!" stieß sie aus und starrte auf ihre Schuhspitzen.

Die Kontrolleure grinsten sich an, reagierten aber nicht darauf. „Dann geht dir die Zahlungsaufforderung zu. Das heißt deinem Vater", sagte Roland.

Christine erschrak. Aber dann kam ihr ein glänzender Einfall. „Ich hab keinen Vater mehr", sagte sie. „Ich lebe bei meiner Großmutter." Wenn sie die Rechnung an ihre Oma schickten, würde es der Großvater vielleicht gar nicht erfahren!

Der Kontrolleur zückte wieder seinen Stift. „Dann sag mir mal den Namen deiner Oma."

Christine nannte ihn, fügte aber schnell hinzu: „Also, der Automat war wirklich kaputt! Und wenn er kaputt war, warum muß meine Oma dann trotzdem Strafe zahlen? Das ist doch ungerecht!"

„Wenn es stimmt, was du behauptest, kann sich deine Oma an die Einspruchstelle wenden. Dann bekommt sie ihr Geld wieder zurück oder sie muß vielleicht auch gar nicht erst bezahlen. Das entscheiden nicht wir, sondern die Einspruchstelle."

In Christine arbeitete es. Sie hatten behauptet, sie würden überprüfen, ob der Automat kaputt war. Wie sollte das denn gehen? Wahrscheinlich wollten sie sie nur einschüchtern. Aber vielleicht fuhren sie nachher tatsächlich mit der nächsten U-Bahn zurück und überprüften ihre Aussage.

„Wie können Sie denn überhaupt den Automaten überprüfen?" fragte sie geradeheraus.

„Die sind alle untereinander vernetzt", erklärte Roland. „Und in der Zentrale gibt's einen Bildschirm, der uns anzeigt, wo welcher Automat ausgefallen ist. Unsere Techniker können das kontrollieren."

Christine sah ihn verblüfft an. „Soll das heißen, die Dinger schicken euch eine Fehlermeldung, wenn sie kaputtgehen?"

„So ähnlich", erklärte Roland.

Christine war fassungslos. Dann wäre ja nun auch ihre Ausrede sinnlos! Etwas Neues fiel ihr nicht mehr ein. Außerdem hatte sie schon viel zuviel Zeit hier vertrödelt.

Wahrscheinlich würde sie Andreas sowieso nicht mehr antreffen. Und wie sollte sie jetzt überhaupt noch zur Schule kommen? Sie konnte ja schlecht vor den Augen dieser Typen, ohne Geld in der Tasche in die nächste U-Bahn steigen!

„Wohin mußt du denn fahren?" fragte jetzt der Kontrolleur, der neben ihr saß.

Christine legte die Stirn in Falten. War denn das Verhör immer noch nicht beendet? „Wieso denn?" fragte sie entnervt. „Kann ich jetzt nicht endlich gehen? Ich hab noch 'nen dringenden Termin!"

„Darum geht es ja", sagte Roland. „Du erhältst jetzt von uns ein Formular, das als Fahrscheinersatz gilt."

„Voltastraße", erwiderte Christine.

Roland notierte die Station und händigte ihr das Formular aus.

Sein Kollege erhob sich. „Mach's gut, Kleine!" sagte er mit einem ironischen Lächeln.

Christine reagierte nicht auf ihn.

Ohne sie eines weiteren Blickes zu würdigen, entfernten sich die beiden Kontrolleure wortlos.

Christine starrte auf das Blatt Papier und versuchte, die Eintragungen zu entziffern.

Da schoß der nächste Zug in die Station ein.

Sie faltete das Papier unordentlich zusammen und steckte es in die Brusttasche ihrer Jeansjacke. Das war nun also ihr Fahrschein.

Die U-Bahn war vollgestopft mit Menschen. Aber sie wollte

sowieso keinen Sitzplatz. An der Voltastraße mußte sie sofort raus! Sie hielt sich an der Stange neben der Tür fest.

Die Stunde der Klassenarbeit war vorbei, das war ihr klar. Aber vielleicht würde Andreas die große Pause ja noch nutzen, um mit irgendeiner Tussi zu flirten. Nein, er wollte ja offenbar was von Monika, dachte sie. Und außerdem wollte er so schnell wie möglich an seiner Arbeitsstelle zurück sein.

Osloer Straße, tönte es aus dem Lautsprecher.

Wird auch Zeit, dachte Christine und blickte auf den Buggy, der vor ihr stand. Irgendein blondgelocktes Kleinkind versperrte ihr den Weg zur Tür.

„Ich muß ganz schnell raus, um den Anschluß nicht zu verpassen!" sagte Christine zu der hochaufgeschossenen, hageren Blondine, die den Buggy fest im Griff hielt.

Die Mutter verzog die Lippen, reagierte aber nicht.

Christine begann zu kochen, aber sie hielt sich noch im Zaum.

Endlich stand der Zug, die Tür öffnete sich.

„Lassen Sie mich vor! Ich hab doch schon gesagt, ich hab's eilig!"

In aller Seelenruhe schob die Blondine den Buggy an.

Nun rissen Christines Nervenfäden. Sie versetzte dem Buggy einen heftigen Fußtritt und rannte los.

Das Kind schrie auf und begann zu weinen.

Christine warf einen Blick zurück. Es tat ihr leid. Sie wollte dem Kind ja nicht weh tun. Bloß die Mutter hatte sie genervt. Der Buggy war zur Seite gesprungen, aber Gott sei Dank nicht umgekippt.

Sie rannte die ersten Stufen der Treppe hoch.

„Christine! Warte!" hörte sie plötzlich die Stimme ihres Bruders durch den Aufgang hallen.

Sie blieb stehen und drehte sich um.

Andreas stand auf dem Bahnsteig gegenüber und winkte ihr zu.

Sie war außer sich vor Freude und rannte die Treppen hoch, um dann zur anderen Seite zu wechseln und lief wieder hinunter und fiel endlich Andreas in die Arme.

Andreas fing sie auf und drehte sie im Kreis herum. „Ich hab 'ne Primzahl für dich geschrieben, Kleines!" strahlte er.

Christine wußte nicht, wo ihr der Kopf stand. Sie mußte unbedingt wegen Müller mit ihm reden und war gleichzeitig neugierig, wie es in der Schule gelaufen war. Als er sie wieder absetzte, stand sie steif da wie ein Stock und sah ihn mit unbeweglichem Gesicht an.

Andreas stutzte. „Freust du dich denn nicht?" fragte er.

„Ich glaub, ich hab Scheiße gebaut", erwiderte Christine.

„Wieso?"

Andreas war ernüchtert. „Wir hatten doch alles durchgecheckt."

„Ist jetzt im Moment erst mal egal", sagte Christine gehetzt. „Dein Chef will sich für dich einsetzen."

„Na prima! Habe ich auch nicht anders von ihm erwartet! Wo ist das Problem?"

„Er will den Alten anrufen und ein gutes Wort für dich einlegen."

„Au Backe! Das hat jetzt gerade noch gefehlt!"

„Er glaubt, daß du Probleme mit ihm hast."

„ Da hat er ja nicht ganz unrecht. Aber wenn Müller erfährt, daß der Alte von gar nichts weiß, sitz ich in der Pampe."

„Was glaubst du, warum ich mich so beeilt habe?" sagte Christine. „Müller will eine schriftliche Entschuldigung."

„Wegen drei Stunden Fehlzeit? Wieso denn das?"

„Und zwar nicht von dir, sondern von deinem sogenannten Erziehungsberechtigten!"

„Dann laß dir mal was einfallen!"

Die U-Bahn Richtung Putlitzer Straße fuhr ein.

„Ich muß los", sagte Andreas und ging auf die nächstbeste Waggontür zu, die sich geöffnet hatte.

„Spinnst du?" schrie Christine ihm nach. „Du kannst doch jetzt nicht zur Arbeit fahren. Du mußt doch erst deine Entschuldigung schreiben. Wenn Müller den Alten inzwischen angerufen hat, ist der Ofen sowieso aus! Aber wenn nicht …"

Christine hatte recht, überlegte Andreas. Vielleicht war ja sein Ausbildungsplatz eh schon hinüber. Aber wenn nicht, mußte er jetzt auf schnellstem Wege eine passende Entschuldigung organisieren. Das war seine einzige Chance.

Er machte auf dem Fuß kehrt und legte seinen Arm um ihre Schulter.

„Kluges Mädchen!" sagte er sanft.

Christine sah ihn strahlend an. Sie schlenderten ein paar Schritte gemeinsam. Christine knuffte ihn kumpelhaft in den Arm.

Aber Andreas ging plötzlich auf auf Abstand. „Dich interessiert es wohl überhaupt nicht, wie ich die Sache für dich geschmissen habe!"

„'Ne Primzahl. Hattest du doch schon erwähnt." Christine lächelte ihn schelmisch an. „Du hast bloß noch nicht verraten, ob es sich dabei um 'ne 1 oder um 'ne 7 handelt!"

Sie wechselten den Bahnsteig.

„Vielleicht geh ich weiter für dich in die Schule und du reparierst meine Autos?"

Christine nahm den Ball auf. „Aber die Vorteile wären dann allein auf meiner Seite. Ich würde ein Superzeugnis bekommen."

„Stimmt." Andreas grinste. „Und dich würde Müller nach zwei Tagen rausschmeißen. Oder kennst du etwa den Unterschied zwischen 'nem Vierkant- und 'nem Imbusschlüssel?"

Christine lachte und schüttelte den Kopf. „Aber jetzt erzähl mir doch endlich, wie's gelaufen ist. Hat wirklich niemand was gemerkt?"

Ihre Bahn fuhr ein. Die Türen öffneten sich, und sie fanden einen Sitzplatz nebeneinander.

„Es war Streß pur für mich, das kann ich dir sagen", erklärte Andreas.

„Wieso denn?"

„Du bist gut", erwiderte Andreas nun leicht gekränkt. „Dich möchte ich mal in der umgekehrten Rolle erleben! Die haben mich alle ständig angestarrt, Mann!"

„Und die Kupke?"

„Die auch. Die hat mich sogar gefragt, ob ich irgendwelche Probleme hätte."

Christine sah ihm gespannt ins Gesicht.

„Und was hast du dann gemacht?"

„Ich hab gegrinst und genuschelt, Probleme hätten wir doch alle. Damit hat sie sich zufrieden gegeben. Und dann hab ich mich auf deinen Platz gesetzt."

„Ja und dann, erzähl doch weiter!" insistierte Christine.

„Die Arbeit selber war leicht. Mit ein bißchen mehr Vorbereitung hättest du die auch durchgezogen. Aber die ständigen Blicke deiner Klasse haben mich genervt. Vor allem die Jungs. Mann, die haben mich richtig geröntgt, sag ich dir! Bis mir dein Spruch eingefallen ist. Und den hab ich denen dann vor den Latz geknallt. Und dann war Ruhe."

Christine runzelte die Stirn. „Was denn für einen Spruch?"

„Paßt auf, wo ihr hinguckt, sonst polier ich euch die Fresse!" zitierte Andreas nun seine Schwester.

Christine mußte lachen. „Siehste! Hauptsache, es wirkt!" rief sie aus. Für einen kurzen Moment nahm sie ihn in die Arme und schmiegte dankbar ihren Kopf an seine Brust. Dann ging sie wieder auf Abstand.

Sie näherten sich der Voltastraße.

„Was soll denn jetzt aus meiner Entschuldigung werden?" fragte Andreas.

„Wir müssen sie selber schreiben!"

„Fälschen? Du spinnst ja!"

„Fällt dir was Besseres ein?"

„Aber Müller kennt doch meine Schrift!"

„Woher soll der denn deine Schrift kennen?" hakte Christine nach.

„Na, von der Bewerbung her!"

Christine stützte ihr Gesicht in die Hände. „Daran hab ich natürlich nicht gedacht", erwiderte sie.

„Und jetzt?" Andreas blickte nervös auf die Uhr. „Es wird immer später!"

„Im Keller hab ich mal 'ne alte Schreibmaschine gesehen", fiel Christine ein.

„Das ist ja phantastisch!"

„Bloß die Frage, wie wir da rankommen. Die Alten sind doch beide zu Hause um diese Zeit. Und die werden sich beide wundern, wenn wir um elf Uhr vormittags zu Hause aufkreuzen!"

„Dann laß dir mal was einfallen!" sagte Andreas.

„Und warum immer ich?"

„Du behauptest doch immer, daß du die besseren Ideen hast!" Er grinste sie mit einem ironischen Lächeln an und drückte sie kurz an sich. „Schwesterherz!"

5

Christine stülpte das blaue Textilband, an dem der Haustürschlüssel hing, über ihren Kopf und nahm den Schlüssel in die Hand. Ihre Großmutter hatte extra für sie einen Zweitschlüssel anfertigen lassen, weil sie mittags nicht immer pünktlich von ihren Putzstellen zurückkam. Denn Krossmann kümmerte sich ja sowieso um nichts, seitdem er in Rente war.

Aber nun zögerte sie, die Tür aufzuschließen.

Andreas stand hinter ihr. „Irgendwelche Probleme?" fragte er.

Christine drehte sich zu ihm um. „ Ja."

Andreas verdrehte die Augen. „Wieso denn? Wir haben doch alles durchgekaut vorhin!" rief er ungeduldig aus. „Als erstes schnappe ich mir den Kellerschlüssel."

„Ich hab aber trotzdem Schiß", erwiderte Christine und schlang ihre Arme um seinen Hals. „Wenn der Alte irgendwie Lunte riecht, sind wir beide geliefert."

Andreas löste ihre Arme mit einer sanften, aber nachdrücklichen Bewegung und brachte Christine auf Abstand.

„Erzähl ihnen, die Mathearbeit sei super gelaufen", flüsterte er ihr zu. „Aber danach ist dir schlecht geworden. Frau Kupke hat dich nach Hause entlassen. Leg dich im Wohnzimmer aufs Sofa und tu so, als hättest du Schmerzen im Bauch. Oma wird sich dann schon um dich kümmern."

„Wenn sie da ist."

Andreas mußte kurz überlegen. „Heute ist Dienstag. Dienstags geht sie nie putzen."

„Und der Alte?"

„Laß mich mal machen. Sag mir lieber, wo die Schreibmaschine ist."

„Na, im Keller! Hab ich dir doch schon gesagt!"

„Aber wo im Keller, hast du nicht gesagt!"

„In Omas Schrank ganz oben, glaub ich."

„Wenigstens mal 'ne präzise Auskunft. Vorausgesetzt, dein Glaube stimmt!"

Er grinste sie herausfordernd an und bedeutete ihr mit einer Kopfbewegung, daß sie endlich aufschließen solle.

Leise betraten sie den Flur und lauschten in die Wohnung hinein.

Andreas öffnete sofort die Küchentür und ging zum Schrank. Hier befanden sich die Putzmittel, das Bügeleisen, frische Geschirrhandtücher, ein Korb mit Krimskrams, und ganz oben an der Schranktür hatte der Alte mal einen Handtuchhalter angeschraubt, an dem die Schlüssel hingen. Aber der Kellerschlüssel war nicht am Platz.

Christine war bis zum Wohnzimmer gegangen und hatte gelauscht. Jetzt kam sie zurück. „Der Fernseher läuft. Bestimmt hängt der Alte vor der Glotze", berichtete sie.

„Und Oma? Der Schlüssel fehlt!"

„Die wird doch nicht ausgerechnet jetzt den Keller aufräumen wollen", erwiderte Christine genervt.

„Ich geh mal nachsehen", sagte Andreas.

Er rannte die vier Etagen bis zum Keller hinunter, da er keine Lust hatte, auf den Aufzug zu warten. Dauerte immer ewig, bis der kam. Und außerdem stank es immer nach Urin.

Die vordere Kellertür war offen. Er knipste das Licht an und ging den langen Flur bis nach hinten. Hinter der letzten Tür links befand sich der Kellerabschnitt der Großeltern.

Der Schlüssel steckte von außen. Andreas zögerte. War also Oma tatsächlich hier unten? Was sollte er nur tun? Oder hatte sie ihn nur steckenlassen und vergessen?

Vorsichtig drückte er die Klinke herunter. Die Tür war abgesperrt. Also doch vergessen, dachte er erleichtert. Er drehte den Schlüssel im Schloß, öffnete die Tür und tastete nach dem Lichtschalter, um hineinzugehen und von innen wieder abzuschließen. Sicher ist sicher, dachte er.

Im Kellerabschnitt seiner Großeltern, der durch einen Lattenzaun vom nächsten Kellerabschnitt getrennt war, herrschte penible Ordnung. Und doch stieß Andreas zuerst mit dem Fuß gegen den Bierkasten des Alten, weil er seinen Blick bereits nach vorne gerichtet hatte, wo der alte Schrank neben dem schmalen, mit einem Lochblech geschützten Kellerfenster stand.

75

Dieser Schrank stammte noch aus der Zeit, als Wilhelm Kaiser war, hatte ihm Oma mal erklärt. Sie hatte ihn von ihrem Vater geerbt und hätte ihn so gerne ins Wohnzimmer gestellt. Es war ein schlankes Jugendstilmöbel mit einem geschwungenen Dach und einem hübsch verzierten Messingschloß. Aber der Alte fand das Stück häßlich und wollte, daß es in den Keller kam. Und sie hatte sich nicht getraut, etwas dagegen zu sagen.

Nach dem Bierkasten folgten drei hölzerne Gestelle: eines mit Kartoffeln, das nächste mit Zwiebeln, und das dritte mit Äpfeln. Gegenüber stand ein Metallregal mit Einmachgläsern, das jetzt im Juni wieder mit neuer Marmelade, die Großmutter immer selbst herstellte, aufgefüllt wurde. Daneben eine Werkzeugkiste und ein Sortierkasten mit Hunderten von Schrauben, Nägeln, Dichtungen und anderem, alles sauber eingeordnet. Auf einem anderen Regal befanden sich Ersatzglühbirnen, daneben eine Kiste mit ausrangierten Spielsachen. Das Schaukelpferd, das Christine und er einmal benutzt hatten, stand neben einer alten Stehlampe auf dem Boden.

Andreas öffnete den Schrank und entdeckte den schwarzen Schreibmaschinenkoffer sofort im obersten Regal. Er faßte ihn an dem Griff aus Leder und zog ihn vorsichtig hervor.

Er wandte sich zur Tür, aber dann fiel ihm ein, daß er ja oben gar nicht tippen konnte wegen des Geklappers, das die Schreibmaschine machen würde.

Es blieb ihm also nichts anderes übrig, als im Keller den Text für seinen Chef zu verfassen. Behutsam legte er den Koffer auf dem blankgescheuerten Tisch ab, der neben dem Schrank stand.

Er zog die Metallasche über dem Schloß des Deckels nach rechts und drückte auf den Knopf unter dem Griff. Der Deckel gab nicht nach. Verdammt, dachte er, das hatte jetzt gerade noch gefehlt, daß das Gerät verschlossen war! Aber dann entdeckte er das kleine Schlüsselloch, das sich über dem flachen Knopf befand.

Vielleicht war der Schlüssel ja noch im Schrank. Andreas tastete vorsichtig mit der flachen Hand das Regal ab, in dem die Schreibmaschine gelegen hatte, fand aber nichts. Er war nahe daran, aufzugeben und der ganzen bescheuerten Sache ihren Lauf zu lassen. Sollte Müller doch mit ihm machen, was er wollte! Da kam er aber noch mal auf eine neue Idee.

Er ging vor dem Schreibmaschinenkoffer in die Hocke und besah sich das Schloß genauer. Tatsächlich fiel ihm jetzt links neben dem Knopf ein kleiner, ins Metall eingestanzter Pfeil auf, der nach rechts zeigte und den er vorhin übersehen hatte.

„So blöd kann auch nur ich sein", murmelte er und schob den Knopf nach rechts. Mühelos konnte er nun den Deckel abnehmen.

Es war eine alte *Continental* von den Wanderer-Werken. So stand es auf der schwarzen Fläche für den Papiereinzug.

Andreas fiel ein, daß er sich noch nie eine Schreibmaschine genauer angeschaut hatte, obwohl er doch an allem Interesse fand, was mit Technik zu tun hatte.

Er drückte eine der Tasten mit den großen, weißen Buchstaben auf schwarzem Grund. Der Kopf des Typenhebels knallte auf die Walze.

So funktioniert das also, dachte Andreas erstaunt. Hoffentlich ist das Farbband auch noch in Ordnung!

Aber wie sollte er jetzt ein sauberes Blatt Papier auftreiben? „Da hätte ich ja auch vorher dran denken können", sagte er zu sich.

Im selben Moment wurde die Türklinke von außen niedergedrückt und es klopfte leise.

Andreas fuhr der Schreck in die Glieder. Er huschte zur Tür vor.

Wieder klopfte es. Diesmal etwas stärker.

„Mach doch endlich auf", zischte die Stimme auf dem Flur. Es war Christine.

Erleichtert ließ Andreas seine Schwester ein.

„Hier", flüsterte sie und drückte ihm einen Stapel mit Briefpapier in die Hand.

„Du bist ein Engel!" sagte er, nachdem er die Tür wieder verschlossen hatte und nahm ihr das Briefpapier ab.

„Ist doch klar, daß du ohne Papier nicht schreiben kannst. Es war auch einfach, an Großmutters Nachttisch ranzukommen, wo sie ihr Briefpapier hat. Die Alten haben nämlich noch gar nicht mitbekommen, daß wir hier sind. Stell dir mal vor: Die hängen beide vor der Glotze!"

„Würde mich mal interessieren, was es um diese Zeit Spannendes im Fernsehen gibt", stieß er aus und ging hinüber zum Tisch.

Christine zuckte die Achseln.

„Hast du jemals schon so ein Teil unter den Fingern gehabt?" fragte Andreas und deutete auf die Schreibmaschine.

„Vorsintflutlich!" schätzte sie.

„Die hübsche Brünette bei uns im Büro schreibt auf einer voll elektronischen."

„Diese Tussi nennst du hübsch?" entrüstete sich Christine. „Die hat mich voll blöd angelabert, Mann!"

„Konnte ich ja nicht wissen", entgegnete er trocken.

Christine schüttelte den Kopf und sah sich die Schreibmaschine näher an.

„Keine Ahnung, wie man so was bedient", sagte Andreas.

„Ich auch nicht. Mal sehen."

Andreas legte den Papierstapel neben der Maschine ab. „Wieso hast du denn gleich so viel mitgebracht? Ein Blatt hätte es doch auch getan", monierte er. „Wenn Oma was merkt?!"

„Das wirste ja gleich seh'n, ob dir *ein* Blatt ausreicht", entgegnete Christine ironisch.

Andreas schob das Blatt senkrecht in die Papierführung und drehte am Walzendrehknopf. Plötzlich fiel sein Blick auf den Rückzugshebel, der völlig ausgeleiert war. Er besah sich das Teil näher. Da war wohl schon früher die Befestigung gebrochen, und der Alte hatte offenbar versucht, mit Hilfe eines Streichholzes, das er von oben durch die Ösen geschoben hatte, die Sache zu beheben. Den Streichholzkopf hatte er dann mit einer abgebrochenen Büroklammer notdürftig verankert.

„So ein Stümper!" entfuhr es Andreas. „Wenn man von einer Sache nichts versteht, sollte man besser die Finger davon lassen!"

„Jetzt mach doch mal endlich!" drängelte Christine und ging selbst an die Maschine. Sie drehte, bis das Papier vorne wieder herauskam.

„Ich glaube, man muß diese Stütze hier aufklappen und das Papier drunterschieben", sagte Andreas.

„Richtig", meinte sie schließlich. „Dann kannste jetzt ja mal loslegen. Den Text hab ich mir schon ausgedacht."

Erfreut klopfte er ihr auf die Schulter. „Klasse! Schieß mal los!"

Sie blickte sich nach einem Stuhl um. „Im Stehen kannste doch nicht schreiben!"

„Neben dem Schaukelpferd steht noch ein alter Hocker."

Christine holte ihn und stellte ihn ihrem Bruder hin. „Also", begann sie endlich. „Lieber Herr Müller …"

„Quatsch *Lieber Herr Müller*", fauchte Andreas. „*Sehr geehrter* muß das heißen!"

„Entschuldigung! Hast ja recht!"

Er schlug das S an.

Beide blickten neugierig auf das Blatt.

„Farbband funktioniert noch", stellte Andreas erleichtert fest. „Bloß hätte ich mit 'nem großen S anfangen müssen!"

Er entdeckte die grünen Außentasten links und rechts unten. „Probieren wir's doch mal so", sagte er und hielt die linke grüne Taste gedrückt, während er noch einmal gegen denselben Typenhebel hämmerte.

Wieder schob er sein Gesicht nahe an das Blatt heran und warf einen kritischen Blick darauf.

„Jetzt hab ich den Bogen raus!" rief er begeistert aus und ließ seine Hand über der Tastatur kreisen, um sofort den nächsten Buchstaben zu finden.

„Auf dem Blatt kannst du jetzt aber nicht weiterschreiben", erinnerte ihn Christine. „Da mußt du schon ein neues einlegen. Wie sieht das denn sonst aus?"

Andreas riß das Blatt heraus, zerknüllte es und warf es auf den Boden.

„Siehst du, warum ich gleich 'nen ganzen Stapel mitgebracht habe?" Sie warf ihm einen triumphierenden Blick zu.

„Den werden wir aber hoffentlich nicht ganz aufbrauchen", erwiderte er mürrisch und legte ein neues Blatt ein. Langsam ging ihm die Geschichte hier auf die Nerven.

Mühsam arbeitete er sich jetzt voran. Aber mit der Zeit ging es immer leichter.

Als der knappe Entschuldigungstext endlich stand, zog Andreas das Blatt aus der Maschine und las den Text noch mal aufmerksam durch.

„Sind Tippfehler drin?" fragte Christine. „Dem Alten würde nämlich so was nicht passieren."

Andreas zuckte mit den Achseln. „Ich glaub nicht."

„Vielleicht kannst du ja nächste Woche mein Diktat übernehmen", fragte Christine beiläufig.

„Ich würde dir ja wirklich gerne helfen, Schwesterherz. Aber noch mal tu ich mir so nen Streß nicht an!" entgegnete Andreas säuerlich und legte das Blatt nun auf den Stapel der anderen Blätter. „So. Unterschreiben mußt du!"

„Wieso ich?" Christine starrte ihn entgeistert an.

„Erstens, weil du 'ne schönere Schrift hast und zweitens, weil mein Chef meine Schrift ja kennt, wie gesagt."

„Aber ich kenn die Unterschrift des Alten doch gar nicht so genau!"

„Das spielt hier überhaupt keine Rolle!" Andreas lächelte schelmisch. „Müller kennt sie ja auch nicht. Er hat überhaupt keinen Vergleich. Es sollte nur eben 'nen glaubwürdigen Eindruck machen."

„Versuchen kann ich's schon …" sagte Christine mit dünner Stimme. Sie zog einen dicken, roten Kuli aus der Tasche, den der SFB zu Werbezwecken mal in der Schule verteilen ließ. Sie hatte sich gleich fünf davon genommen.

„Mach bloß keinen Fehler. Sonst kann ich den ganzen Scheiß von vorne tippen!" ermahnte er sie. Er stellte sich hinter sie und sah ihr über die Schulter.

„Mensch, ich kann so nicht schreiben!" rief sie genervt.

„Was haste denn jetzt schon wieder?"

„Wenn du so hinter mir stehst wie Frau Kupke!"

„Mein Gott, bist du empfindlich!" stieß Andreas aus. „Aber ich geh ja schon!" Manchmal konnte ihn seine Schwester schon zum Wahnsinn treiben!

Ruhelos lief er in dem schmalen Keller auf und ab. Dann fiel sein Blick auf den Bierkasten. Er zog eine Flasche heraus.

In seiner Hosentasche kramte er nach seinem Taschenmesser. Der Alte hatte ihm das geschenkt. Vor drei Jahren, zu seinem 14. Geburtstag. Er fühlte die andere Tasche ab, aber da war es auch nicht.

„Scheiße!" stieß er aus.

Christine fuhr herum. „Was ist denn?"

„Ach nichts!" Er winkte ab. „Mach du nur weiter." Mit Hilfe eines Schraubenziehers stemmte Andreas den Kronkorken ab. Das Bier schäumte aus dem Flaschenhals.

Christine drehte sich wieder zu ihm um. „Spinnst du jetzt, oder was? Wie soll ich denn bei diesem Affentheater eine Unterschrift fälschen", beschwerte sie sich.

Andreas ging gar nicht auf sie ein, sondern setzte die Flasche an den Mund und sog das Bier gierig in sich hinein.

Aber im nächsten Moment schon präsentierte seine Schwester ihm das Ergebnis und hielt ihm das Blatt vor die Augen.

Andreas stellte die Bierflasche ins Regal. Er begutachtete ihre Leistung. „Nicht schlecht", bemerkte er schließlich lobend. „Zwar ein bißchen krakelig, aber wie 'ne Schülerschrift sieht's nicht aus. Könnte durchaus von 'nem Erwachsenen sein."

Stolz strahlte Christine ihn an.

„Jetzt fehlt nur noch der Umschlag."

„Auch daran habe ich gedacht. Er liegt vorne bei den anderen Papieren."

Andreas faltete den Brief und steckte ihn in den Umschlag.

Christine sah ihm mit ernstem Gesicht dabei zu.

„Ist noch was?" fragte er sie.

„Hoffentlich hat sich der ganze Aufwand auch gelohnt", sagte sie nachdenklich.

Aber Andreas war optimistisch. „Wieso? Müller bekommt

jetzt seine Entschuldigung. Und dann sind wir wieder auf dem laufenden."

„Ich hoffe nur, ich konnte dir auch ein bißchen helfen!"

Sie war so anhänglich, dachte Andreas und nahm ihre Hand zwischen seine Hände. „Du hast doch für alles gesorgt", sagte er liebevoll. „Das einzige, was ich tun mußte, war, diesen Quark zu tippen."

„Und dabei hast du sogar noch gelernt, wie man eine alte *Continental* bedient", erwiderte Christine.

„Genau. Aber jetzt muß ich los!"

6

Andreas hatte gedacht, er würde die Sache ganz locker hinter sich bringen, aber jetzt, da er den Flur zu Müllers Büro entlangging, war er doch aufgeregt. Er hatte den Umschlag in der Hand und stand vor der Tür. Er zögerte. Was sollte er machen, wenn sich sein Chef inzwischen mit dem Alten kurzgeschlossen hatte?

In dem Moment ging die Tür auf. Müller stand vor ihm und sah ihn überrascht an. Sein Haifisch blinkte an seinem Ohrläppchen.

„Ach, Andreas", stieß er überrascht aus. „Komm mal kurz rein. Gerade habe ich mit deinem Opa telefoniert!"

Andreas senkte seinen Blick und folgte ihm ins Chefzimmer. Den Umschlag mit der Entschuldigung steckte er in die Brusttasche seines Hemdes. Jetzt ist alles egal, ich habe nichts mehr zu verlieren, dachte er.

Müller bot ihm einen Platz in der offiziellen Sitzecke des Chefbüros an und setzte sich ihm gegenüber.

„Dein Opa hat sehr merkwürdig reagiert", sagte er.

Andreas rutschte auf seinem ledernen Sessel hin und her und fand keinen Halt.

„Erst hat er so getan, als wüßte er von nichts", fügte Müller hinzu.

Andreas setzte sich aufrecht und sah seinen Chef gespannt an. „Wieso? Was hat er denn gesagt? Wovon weiß er denn nichts? Daß es mir schlecht ging heute morgen? Meine Schwester ist doch extra zu Ihnen gefahren, um mich zu entschuldigen!"

„Das hat er mir eben auch nicht erklären können", erwiderte Müller mit ruhiger Stimme. „Und von der Aktion deiner Schwester hat er auch nichts gewußt." Müller grübelte. „Er hat so komisch genuschelt. Kann es sein, daß er vormittags schon ein paar Bierchen über den Durst trinkt?" fragte er schließlich.

„Eigentlich immer erst abends", gab Andreas zu verstehen.

„Als ich ihn nach dir gefragt habe, fragte er mich, warum ich eigentlich anrufen würde, du seist doch in der Firma. Verstehst du das?"

Andreas nickte. „Na klar, wahrscheinlich hat er wieder mal überhaupt nichts mitgekriegt!"

„Dabei hatte ich gerade erst gesagt, daß ich mal mit ihm reden wollte, weil du nicht gekommen bist. Und daß deine Schwester sich gemeldet hätte, um dich zu entschuldigen. Und dann war erst mal lange Pause in der Leitung."

„Ich hab Ihnen ja schon gesagt, der Alte tickt nicht mehr ganz richtig", erwiderte Andreas.

Die ganze Geschichte war so undurchsichtig. Er mußte vorsichtig sein.

„Jetzt rück mal mit der Wahrheit heraus!" Müller sah ihn plötzlich scharf an.

Andreas erschrak. Dennoch fiel ihm eine passende Antwort ein. „Vielleicht hat der Alte ja doch gecheckt, daß es mir nicht gut geht. Er kümmert sich ja sonst um niemanden außer um sich selbst. Das überläßt er ja alles immer unserer Oma. Aber vielleicht hat er's ja von ihr erfahren."

Müller dachte nach. Diese Aussage erschien ihm realistisch. „Deine Schwester hat mir gesagt, es handle sich um ein ganz persönliches Problem", hakte er schließlich nach.

„War es ja auch. Ich hatte eine Auseinandersetzung mit meinem Alten. Und daraufhin war mir kotzübel. Ich habe mich übergeben müssen, das müssen Sie mir glauben!"

Müller erhob sich und ging im Raum umher. Die ganze Sache kam ihm noch immer merkwürdig vor. Aber er hatte auch nicht die Zeit, in diesem Fall Kriminalpolizei zu spielen. Außerdem mochte er Andreas. Und Autos reparieren konnte er auch.

„Ich möchte das jetzt auch nicht vertiefen", sagte er schließlich. „Eure privaten Sachen gehen mich nichts an."

Andreas fiel ein Stein vom Herzen.

„Aber", fuhr sein Chef fort, „ich möchte von dir in Zukunft sofort eine klare telefonische Information bei Arbeitsbeginn, wenn du mal wieder ausfällst. Ich muß ja meine Leute dann umorganisieren. Begreifst du das?"

Andreas nickte und zog den Brief aus der Brusttasche seines Hemdes. „Hier, die Entschuldigung", sagte er gehemmt und legte den Umschlag neben den Kaktus, der exakt in der Mitte des Besprechungstisches stand.

Müller runzelte die Stirn und öffnete den Briefumschlag mit dem Zeigefinger. Er überflog das Blatt.

„Hatten Sie doch verlangt. Christine hat es mir ausgerichtet."

Müller räusperte sich. „Wie hast du denn das hingekriegt?" fragte er. Er fixierte Andreas mit einem mißtrauischen Blick.

„Weiß nicht", wich Andreas aus. „Ist doch eigentlich normal, seinem Enkelsohn eine Entschuldigung zu schreiben, wenn's dem mal nicht gut geht …"

„Normal schon. Aber vorher hast du doch behauptet, er hätte gar nichts mitgekriegt. Und er hat mir gegenüber auch nichts erwähnt."

„Die Entschuldigung ist ja auch von Oma", behauptete Andreas nun plötzlich. Schließlich hatte ja Christine nur mit dem Nachnamen unterschrieben. Das könnte also genausogut Oma gewesen sein. Er merkte nicht, in welche Widersprüche er sich verstrickte.

Müller nahm sich das Papier noch mal vor. Irgendetwas irritierte ihn daran. „Schreibt deine Oma denn Schreibmaschine?"

„Offensichtlich. Aber ich weiß ja gar nicht, wer von den beiden es getippt hat. Unterschrieben hat sie es jedenfalls", behauptete Andreas. Ihm wurde abwechselnd heiß und kalt. Und alles nur wegen Christine!

Müller sah ihn prüfend an. „Ich denke, dein Opa war Pförtner bei Daimler in Marienfelde? So stand's jedenfalls in deiner Bewerbung!"

„Na und?" Andreas ging jetzt in die Offensive. Er hatte die Schnauze voll von diesem Verhör. „Warum soll ein Pförtner nicht Schreibmaschine schreiben können. Ich versteh Ihre Logik nicht!" Er knetete seine Hände ineinander und versteckte sie unter dem Tisch. Sollte der Chef ihm doch endlich reinen Wein einschenken, anstatt mit ihm Versteck zu spielen!

„Und deine Oma, was macht die beruflich?" bohrte Müller weiter.

„Die ist Renterin und Hausfrau und dann geht sie noch ein paar Stunden die Woche putzen."

Müller warf das Papier nun lässig neben den Kaktus zurück. „Das glaubste doch wohl alles selbst nicht", sagte er. „Also so ein Entschuldigungsschreiben hab ich noch nie gesehen!"

„Wieso?" fragte Andreas und nahm das Papier an sich. Müller beobachtete seine wachsende Nervosität.

„Orthographisch ist alles in Ordnung." Müller lehnte sich zurück.

Andreas überflog das Entschuldigungsschreiben noch einmal. „Was heißt das, ortho …" Er bekam den Rest des Wortes nicht zusammen.

„Rechtschreibung!" erwiderte Müller knapp.

„Wieso, ist da ein Fehler drin?" Andreas starrte ihn fragend an.

Müller grinste. „Warum denn so nervös? Was wäre denn, wenn ein Rechtschreibfehler drin wäre?"

Andreas ließ hilflos das Entschuldigungsschreiben sinken.

Müller stand auf und ging zum Fenster. „Es sind keine Fehler drin!" Er machte eine Pause. Andreas atmete für einen Moment auf, blickte aber weiter angespannt zu seinem Chef hinüber. „Aber ich habe noch nie 'ne Entschuldigung gesehen, die so perfekt mit 'ner Schreibmaschine auf Briefpapier geschrieben wurde. Und jetzt hör endlich auf mit deinem idiotischen Spiel!"

Er hat es durchschaut, wurde Andreas klar.

Sein Chef drehte sich zu ihm um. „Ich wollte dir wirklich helfen, aber du hast mich betrogen", stieß er aus. „Gib zu, daß deine Entschuldigung gefälscht ist!"

„Ist mir ja nichts anderes übriggeblieben", sagte Andreas trotzig. „Wozu brauchen Sie den Wisch überhaupt? Und wie kommen Sie dazu, sich in meine Privatangelegenheiten zu mischen und meinen Alten anzurufen?" In Andreas kochte plötzlich die Wut hoch, die er die ganze Zeit aus Angst unterdrückt hatte. „Da hatten Sie doch gar kein Recht dazu!" rief er.

Müller drehte sich fassungslos zu ihm um. „Du hast kein Recht, dich mir gegenüber so zu äußern. Was glaubst du eigentlich, wer du bist? Du hast einen schweren Vertrauensbruch begangen. Ich weiß nicht, ob ich irgendwo noch 'ne Basis habe, mit dir zusammenzuarbeiten. Man weiß ja bei dir überhaupt nicht, woran man ist", sagte er in höchster Erregung.

„Das beruht auf Gegenseitigkeit!" erwiderte Andreas sarkastisch.

„Am liebsten würde ich dich sofort rausschmeißen!"

„Nicht nötig", sagte Andreas. „Ich kann alleine gehen." Dann stand er von seinem Ledersessel auf und verließ wortlos den Raum.

7

Marc war schon da. Er saß auf einer umgedrehten Obstkiste und trank Bier aus der Dose. Den Schulranzen hatte er gleich hinter der Eisentür fallengelassen, die zu der Fabrikhalle führte, in der sie sich ein kleines Lager eingerichtet hatten. Seinen Turnbeutel auch.

Dienstags war er immer der erste an ihrem Treffpunkt, denn Mike und Alex waren eine Klasse unter ihm und kamen immer erst so um zwölf, und seit Andreas seine Lehrstelle hatte, kam der sowieso immer als letzter.

Marc nutzte die Zeit immer, um am Kiosk im S-Bahnhof gegenüber dem Lido-Bad Dosenbier für alle zu kaufen, das er in einem Spind im ehemaligen Umkleideraum neben ihrer Halle aufbewahrte. Hier war es am kühlsten.

Er hatte ein schmales Gesicht mit Sommersprossen, die sich hauptsächlich um die Nase herum verteilten und kurze, rote Haare. Beides hatte er von seiner Mutter.

Andreas nannte ihn Igel und strich ihm manchmal mit der flachen Hand über den Kopf. Aber nur, wenn er gut drauf war.

Marc lebte bei seiner Mutter. Die hatte einen Job in einer Kneipe an der Kurfürstenstraße und war meistens von elf Uhr vormittags bis nachts um zwölf unterwegs, manchmal kam sie nachts auch gar nicht nach Hause. Sie müsse manchmal eben auch nachts durcharbeiten, das sei in ihrem Beruf so, hatte sie ihm erklärt.

Er hatte sich daran gewöhnt. Dafür stattete sie ihn immer gut mit Geld aus, und er hatte immer so viel Kohle, daß es ihm nichts ausmachte, der ganzen Clique jeden Tag frisches Bier zu spendieren.

Ab und zu ließ er sich mal bei seinem Vater blicken. Der wohnte, seitdem ihn seine Mutter rausgeschmissen und sich von ihm hatte scheiden lassen, ein paar Ecken weiter in der Ernst-Reuter-Siedlung.

Sein Vater war arbeitslos und er war meistens betrunken, wenn Marc kam.

Marc sah es ihm nicht nur an seinen kleinen Augen und seinem glasigen Blick an. Er sprach dann auch stockend, in abgehackten Sätzen, die er oft nicht zu Ende brachte.

In der Küche standen überall leere und volle Weinflaschen. Der Mülleimer quoll über. Auch zog sich ein seltsamer Mief durch die Wohnung, als ob ständig irgendetwas am Verschimmeln war.

In seinem Schlafzimmer lagen frische Unterwäsche, ausgeleierte Hosen, zerknitterte Hemden und T-Shirts durcheinander auf dem ungemachten Bett.

Deswegen ging Marc in letzter Zeit auch immer seltener hin.

Außerdem kam sein Vater immer wieder auf seine Mutter zu sprechen. Er erzählte Marc irgendwelche Ehegeschichten von früher und nannte seine Mutter dann regelmäßig eine Schlampe.

Das letzte Mal hatte er sie sogar als Nutte bezeichnet. Da hätte Marc ihm am liebsten eine reingehauen. Aber der Alte war schon so abgefüllt, daß er ihn nur hätte antippen müssen, und er wäre auf den Teppich gekippt. Außerdem stank er nach Schweiß. Jede Berührung hätte Marc nur noch mehr angeekelt. So hatte er ihn einfach stehenlassen und war weggegangen.

Er hatte sich maßlos über seinen Alten aufgeregt, wollte aber mit seiner Mutter nicht darüber reden. Sie durfte nichts von diesen blöden Sachen erfahren, die sein Alter im Suff immer von sich gab! Das wäre bestimmt schlimm für sie!

Aber Andreas würde er es erzählen. Andreas war sein bester Freund. Obwohl er nicht sicher war, ob er ihn in diesem Fall verstehen würde.

Immer, wenn er an seinen Vater dachte, kam sofort die Wut wieder hoch.

Er warf den Nacken nach hinten und kippte jetzt den letzten Schluck aus der Dose. Dann knallte er sie mit voller Wucht gegen die Wand. Abrupt stand er auf und sah sich in der Halle um.

Irgendwie mußte er auf andere Gedanken kommen. Wie ein Tiger im Käfig ging er in dem großen Raum auf und ab.

Überall blätterte die Farbe von den Wänden. Der graue Betonboden war mit Ölflecken und eingetrockneten Farbresten verschmiert.

Andreas hatte gemeint, daß hier mal eine Druckmaschine gestanden habe und hatte ihm die erhöhten, betonierten Stellen gezeigt, an denen man sie früher festgeschraubt hatte. Die Schraublöcher konnte man noch sehen.

Sicher war die Druckerei ausgezogen, weil die wenigen Gebäude gegenüber dem Park, die noch standen, irgendwann auch abgerissen werden würden.

Marc ging in den Umkleideraum hinüber und holte sich ein zweites Bier. Die Dose fühlte sich noch immer schön kühl an.

Diesmal kehrte er nicht zu seiner Obstkiste zurück, sondern legte sich auf das rote Sofa, das sie sich vom Sperrmüll geholt hatten, und schlug die Beine übereinander. Er stellte das kleine Radio, das Mike organisiert hatte, auf seinen Bauch und schaltete es ein.

I want to break free! Queen kam! Wahnsinn!

Er drehte das Gerät auf die volle Lautstärke. Queen war seine Lieblingsgruppe. Er öffnete die Dose und trank. Dann schloß er die Augen und genoß Freddy Mercurys rockige Reibeisenstimme.

Plötzlich knallte etwas gegen seine Brust. Etwas Leichtes. Er richtete sich auf und tastete die Stelle ab, an der er den Aufprall verspürt hatte. Neben der Bierdose in seiner Hand lag eine Schachtel *Marlboro*! Verwirrt blickte er sich um.

Andreas kam auf ihn zu.

Marc hatte ihn nicht kommen hören.

„Na, du alter Säufer?" begrüßte er ihn. „Mal wieder in Hochstimmung, was?"

„Wieso bist du denn schon hier?" fragte Marc überrascht und setzte sich auf.

„Erzähl ich dir später. Bier da?"

Marc machte eine Kopfbewegung in Richtung Umkleideraum. „Im Kühlschrank!" sagte er.

Er stellte das Radio auf dem Sofa ab und öffnete die Zigarettenschachtel.

Andreas kam mit seiner Bierdose zurück und ließ sich neben ihm auf das Sofa fallen. Das Radio stand zwischen ihnen. „Queen", stellte er fest.

„Der Kandidat hat zehn Punkte", erwiderte Marc und grinste Andreas herausfordernd an. „Und wie heißt das Stück?"

Andreas zuckte mit den Schultern. „Keine Ahnung. Interessiert mich auch nicht." Er zog die Lasche der Bierdose hoch.

„Interessiert mich auch nicht …" äffte Marc ihn nach.

Das Bier zischte, sein Schaum überschwemmte die Oberfläche der Dose. „Schlechte Laune?" fragte Andreas und setzte zum Trinken an.

„Nee, überhaupt nicht!" behauptete Marc. „Aber Queen, Mann! So was weiß man einfach!"

„Ich steh eher auf die Kinks, weißte doch!" erwiderte Andreas gelassen und trank weiter.

„Oldie!" sagte Marc verächtlich. Er schob sich zwei Zigaretten aus der frisch angebrochenen *Marlboro*-Schachtel gleichzeitig zwischen die Lippen.

Andreas drehte sich zu Mikes alter Westerngitarre um, die neben der Obstkiste an der Wand lehnte. Mike war der einzige von ihnen, der Gitarre spielen konnte. *„Wonder where my Baby is tonight …"* begann Andreas zu summen.

„Ödet einen echt an", sagte Marc und zündete beide Zigaretten mit einem Feuerzeug an, das einem erigierten Penis nicht ganz unähnlich sah.

„Eh, klasse!" stieß Andreas aus und nahm ihm das Feuerzeug aus der Hand. „Wo haste denn das Teil her?"

„Sexshop", erwiderte Marc knapp. „Mitgehen lassen."

„Da kommste doch noch gar nicht rein!" Andreas grinste ihn höhnisch an. „Das ist doch für Mamakinder wie dich 'ne Sperrzone!"

Marc stieß ihn mit dem Ellenbogen in die Seite und sog heftig an den beiden Zigaretten. Als ihre Spitzen schön glühten, pflückte sich Andreas seine Zigarette von Marcs Lippen.

Das machten sie immer so.

„Warum bist du denn da überhaupt hin?" fragte Andreas.

„Man muß eben alles mal erlebt haben", erwiderte Marc. „Natürliche Neugierde! Hat mir meine Mutter bestätigt!"

Andreas nahm ein paar schnelle Züge. „Und wie biste reingekommen?"

„Der Inhaber ist ein alter Mann. Der hat mich zuerst gar nicht bemerkt, weil er einem Kunden gerade was verkauft hat."

„Toll", stellte Andreas fest. „Und was hat er ihm verkauft?"

„Hab ich nicht gesehen", erwiderte Marc. „War mir auch egal. Aber dadurch hatte ich Zeit, mich umzuschauen. Und bei dieser Gelegenheit hab ich das Feuerzeug entdeckt. Dann hab ich mich natürlich gleich aus dem Staub gemacht!!"

Andreas drehte das Feuerzeug immer noch in seinen Händen. Sah wirklich scharf aus, dachte er.

„Gib mir mal meinen Schwanz wieder", kicherte Marc und nahm Andreas das Feuerzeug aus der Hand.

Im Radio meldete sich jetzt der Nachrichtensprecher.

„Schalt mal das Gerät aus, ich glaube, ich brauch jetzt meine Ruhe", sagte Andreas plötzlich und legte die Füße auf der Hochlehne des Sofas ab.

Marc gehorchte ihm. „Ich kann das ewige Gequassel auch nicht hören", erwiderte er und lehnte sich mit dem Rücken gegen die Lehne auf der Seite gegenüber von Andreas.

Sie bliesen den Rauch in die Luft und schwiegen. Irgendwo draußen war ein Bagger am Werk.

„Nirgendwo hat man seine Ruhe", seufzte Marc schließlich leise.

„Außer, man ist Rentner", erwiderte Andreas. Er starrte an die Decke.

„Wen meinste denn jetzt?" fragte Marc nach einer Pause. „Deinen Alten?"

„Mich!" behauptete Andreas. „Mich meine ich. Nur mich selbst! Verstehste das nicht, oder tust du nur so?"

Marc verschluckte sich am Zigarettenrauch und begann zu husten. „Wieso denn du?" fragte er. Er sah Andreas erwartungsvoll an.

Andreas ließ die Bierdose, die er inzwischen geleert hatte, auf den Boden fallen und stand auf.

„Soll ich dir eine neue holen?" fragte Marc.

Andreas schüttelte den Kopf. Er ging hinüber zu Mikes Gitarre und nahm sie mit zu sich aufs Sofa.

Er begann, auf der E-Saite einige Töne anzuschlagen.

„Klingt nicht schlecht", sagte Marc.

Andreas probierte weiter auf der Gitarre herum. „Ich kann doch eigentlich gar nicht spielen!"

„Was willst du denn rauskriegen aus dem Ding?" fragte Marc.

Statt zu antworten, summte Andreas nun die ersten Töne von *Sunny Afternoon*.

„Du mit deinen Kinks."

„Außer Queen interessiert dich wohl gar nichts", konterte Andreas.

„Stimmt. Bis auf eine Ausnahme!"

„Und die wäre?"

„Summer in the City."

Andreas nickte. „Finde ich auch klasse. Preisfrage: Wie heißt die Gruppe?"

Marc sah ihn verdutzt an. „Ich glaube, diesmal muß ich passen!"

Andreas verzog die Lippen zu einem hämischen Grinsen. „Loving Spoonful", erklärte er schließlich. Er stellte die Gitarre wieder ab. „Jetzt steht es eins zu eins", sagte er.

„Du solltest Gitarrenunterricht nehmen", sagte Marc.

Andreas sah ihn erstaunt an. „Findest du?"

„Warum denn nicht? Eine gewisse Grundausstattung bringst du ja durchaus mit!"

Andreas sah ihn entgeistert an. Warum war er bisher nicht selbst auf diesen Gedanken gekommen? Marc hatte recht. Wie oft hatte er, als er noch zur Schule ging, in langweiligen Stunden vor sich hingedöst und davon geträumt, in einer Band mitzuspielen!

„Und wo?" fragte Andreas zurück.

„Keine Ahnung! Da kenn ich mich nun wirklich nicht aus." Marc überlegte.

Aber Andreas senkte nun seinen Blick und ließ die Schultern hängen. „Der Alte würde mir das sowieso nicht finanzieren", sagte er.

„Hey, nicht gleich abschlaffen! Du bist doch auf dein Taschengeld gar nicht mehr angewiesen. Du verdienst doch jetzt selbst was bei deiner Lehre."

„Lehrstelle is nicht mehr", erklärte Andreas kurz angebunden.

Marc starrte ihn an. „Wie bitte? Aber du hast doch gerade erst angefangen! Das gibt's doch nicht! Das war doch deine große Hoffnung!"

„Deswegen bin ich jetzt auch Rentner!" Andreas stand vom Sofa auf und atmete tief durch. „Nur ohne Rente!"

„Was ist denn passiert?" Marc sah ihn betroffen an.

Andreas ging nachdenklich um die alten Betonblöcke herum. „Vergiß es!" zischte er. „Kfz-Mechaniker ist jedenfalls vorbei!" Zornig stieß er einen alten Plastikeimer, der ihm im Weg stand, mit dem Fuß weg. Eine uralte Brühe ergoß sich über den Boden. Marc hob seine Füße auf das Sofa, um der Lache auszuweichen, die auf ihn zuschwemmte. „Jetzt dreh doch nicht gleich durch!" rief er aus. „Such dir einfach 'nen anderen Job!"

Andreas biß sich auf die Lippen. Er hatte die Schnauze gestrichen voll. „Hauptsache, du hast keine Probleme!" stieß er aus. Er ließ sich wieder auf das Sofa fallen und schloß die Augen. Er mußte an das Gespräch mit Müller zurückdenken. Es war sein Traumjob gewesen, und jetzt war alles zu Ende. Und im Grunde alles nur wegen Christine!

Ob er noch mal hingehen sollte und mit seinem Chef reden, schoß es ihm durch den Kopf. Aber er verwarf den Gedanken sogleich wieder. Müller hatte ihm Vertrauensbruch vorgeworfen. Das bedeutete, daß er ihm nie wieder vertrauen würde.

Er tastete nach dem Radio, legte es auf seinen Bauch und schaltete es ein. Aus dem Lautsprecher kam nur ein starkes Rauschen.

„Laß mal!" sagte Marc und nahm ihm das Gerät aus der Hand. „Ich mach das für dich!" Schnell fand er einen Sender, der Pop brachte, *Hey Jude* von den Beatles.

„Find ich Scheiße", sagte Andreas. „So was Lahmarschiges. Aber laß mal. Vielleicht kommt ja noch was Besseres nach!"

Irgend jemand knallte seinen Schulranzen neben dem Eingang auf den Boden.

Andreas und Marc sahen in Richtung Eisentür, die jetzt mit einem lauten Krach ins Schloß zurückfiel.

„Hallo!" rief Alex. Er war der jüngste von ihnen, hatte erst letzten Monat seinen vierzehnten Geburtstag gefeiert.

„Bevor du dir ein Bier holst, mußt du uns verraten, wo du Mike gelassen hast", sagte Marc.

Alex war in derselben Klasse wie Mike, und sie gingen immer gemeinsam.

„Der ist krank", erwiderte Alex. „Der war heute gar nicht in der Schule." Er setzte sich auf die Obstkiste.

Marc stand auf, um für ihn ein Bier zu holen.

„Krank. Mitten im Sommer. Na toll!" sagte Andreas.

„Was hat er denn?" hakte Marc nach und warf ihm eine Dose zu.

Geschickt fing Alex sie auf.

„Als ich ihn heute morgen abholen wollte, hat mir seine Mutter aufgemacht und gesagt, er hätte 'ne Grippe."

„Fieber also", sagte Marc.

Andreas schüttelte verächtlich den Kopf. „'Ne Grippe! Mitten im Sommer! Gibt's doch gar nicht!"

„Sommergrippe. Natürlich gibt's das", widersprach Alex.

Genervt blickte Andreas zur Decke hoch, von der stellenweise der Putz heruntergefallen war. „Meinetwegen – Sommergrippe. Hab ich noch nie gehört. Er soll mal zusehen, daß er bald wieder gesund wird!"

„Ich hab wohl 'nen schlechten Tag bei dem erwischt", sagte Alex zu Marc mit Blick auf Andreas.

„Der ist bloß sauer, weil er dachte, er könnte heute die erste Gitarrenstunde bei Mike kriegen", erklärte Marc.

Andreas grinste. „Wie recht er hat", sagte er zu Alex. „Wirklich ein kluges Bürschchen, unser Freund!"

Alex trank nun auch sein Bier. „Und was läuft sonst so?" fragte er.

„Was soll schon laufen?" erwiderte Andreas mißmutig. „Bring mir auch noch mal 'ne Dose!" bat er Marc, der sofort in die Umkleide lief.

„Alles tote Hose", sagte Marc, als er wieder zurückkam und Andreas sein Bier zuwarf. Er selbst öffnete seine dritte Dose und lümmelte sich wieder auf dem Sofa rum. „Mein Alter bezeichnet meine Mutter als Nutte!"

Andreas und Alex warfen sich einen Blick zu und hielten im Trinken inne.

„Vielleicht weiß er ja was, was du nicht weißt", kicherte Alex schließlich.

Andreas warf ihm einen strafenden Blick zu.

Wutentbrannt schleuderte Marc seine Bierdose auf Alex. Alex zog den Kopf ein.

Die Dose prallte gegen die Wand, glitt ab und blieb am Boden liegen.

„Entschuldige dich!" befahl Andreas Alex.

Alex kämpfte mit sich. Er ließ sich nicht gerne herumkommandieren. Aber Andreas war hier der Boß. Und irgendwie sah er ein, daß er zu weit gegangen war. Er hatte Marc verletzt. Auch, wenn er vielleicht recht hatte. „Tut mir leid", sagte er schließlich. „Echt!" Er hielt Marc seine Hand hin.

Marc kämpfte mit sich. Als er aber den auffordernden Blick von Andreas sah, schlug er ein.

„Und was willste jetzt gegen deinen Alten machen?" fragte Andreas ihn nun.

Marc ließ resigniert die Schultern hängen.

Alex überlegte. Er wollte den Schaden, den er angerichtet hatte, wieder gutmachen. „Hast du nicht mal gesagt, daß dein Vater vom Schlafzimmerfenster direkt auf die Mauer sieht?"

Andreas sah Marc an. „Hast du gesagt!"

„Also von seinem Kopfkissen aus sozusagen?" hakte Alex nach. „Direkt auf den Stacheldraht?"

Marc nickte. „Sozusagen. Ich könnte mir auch 'ne bessere Aussicht vorstellen."

„'Ne Villa in Dahlem wird sich dein Alter eben nicht leisten können, wenn er arbeitslos ist", warf Andreas ein. „Wo hat der denn vorher gearbeitet?"

„In irgend so einem Zulieferbetrieb für Daimler."

„In Marienfelde?"

„Ich glaube", erwiderte Marc.

„Mein Alter hat auch da unten gearbeitet", erklärte Andreas.

„Aber wenn er deine Mutti 'ne Nutte genannt hat, das kannste ja nicht so stehenlassen", meldete sich Alex wieder zu Wort.

„Mein ich auch", bestätigte Andreas.

Sie schwiegen. Jeder trank sein Bier und starrte vor sich hin.

„Ich hab's!" rief Andreas plötzlich.

Marc und Alex hoben die Köpfe und sahen ihn neugierig an.

„Du kaufst dir so ein Lackspray", schlug Andreas vor.

Marc verstand ihn nicht und legte die Stirn in Falten.

„So was zum Auto ausbessern", erläuterte Alex. „Wenn ein Kratzer im Lack ist, verstehst du? Das gibt's in allen Farben!"

„Ich bin ja nicht blöd. Aber was soll ich damit?" entgegnete Marc.

Alex dämmerte plötzlich, worauf Andreas eigentlich hinauswollte. „Die ganze Mauer entlang stehen doch tolle Sprüche!"

Marc sah ihn fragend an.

Andreas schüttelte den Kopf. „Du hast doch selbst gesagt, daß dein Alter von seinem Bett aus morgens nicht aufs Mittelmeer schaut, sondern auf das Ding, das Ost- von Westberlin trennt. „Dann knall ihm doch einen Spruch drauf, den er nie vergessen wird!" sagte er entschieden.

„Muß was total Ätzendes sein!" ergänzte Alex.

„Ach so!" Marc kratzte sich an seinem roten Strubbelkopf. „Jetzt komm ich mit!"

„Wird auch langsam Zeit!" sagte Andreas streng. „Und jetzt denk dir mal schön was aus!"

8

„Bist du besoffen, oder was?" Christine rüttelte Andreas an den Schultern. Es war halb sieben, und er lag immer noch im Bett. Normalerweise saß er um diese Zeit schon in der U-Bahn und war auf dem Weg zu seiner Lehrstelle. Er lag auf dem Bauch auf seiner Bettdecke und bewegte sich einfach nicht. Sie rüttelte noch mal an seiner Schulter.

Keine Reaktion. Christine bekam Angst. War er tot? Er lag da wie ein Sack. Sie beugte sich zu ihm hinunter und berührte vorsichtig mit der flachen Hand seinen Rücken. Erleichtert stellte sie fest, daß er atmete.

Andreas schlief immer in seiner Unterwäsche.

Sie berührte nun sanft seine nackte Schulter. „Andreas! Mußt du nicht raus?"

Andreas wälzte sich vom Bauch auf den Rücken. „Laß mich in Ruhe!" brummte er. Er begann zu schnarchen wie ein Weltmeister.

Christine wußte nicht, was sie tun sollte. Sie konnte ihn doch nicht schon wieder entschuldigen. Wenn er wieder nicht pünktlich antrat, würde er sicher Probleme bekommen. „He, Bruderherz", schrie sie. „Dein Traumjob ruft!"

Er hörte mit Schnarchen auf. „Hau doch ab, Mensch!" erwiderte er mit rauher, tiefer Stimme. „Du mußt in die Schule!" Er drehte seinen Körper zur Wand.

Christine setzte sich auf ihr Bett. „Wenn du nicht gehst, leg ich mich auch noch mal hin!" erwiderte sie trotzig.

Sie nahm seine Hand, die schlaff über die Bettkante hing. „Andreas, bitte!" bettelte sie. „Ist was passiert, oder habt ihr die Nacht durchgemacht? Ich hab gestern noch lange auf dich gewartet, und einschlafen konnte ich auch nicht. Ich hab die ganze Zeit an dich gedacht. An dich und Müller. Gab's denn Probleme?"

„Ja, gab's", sagte er endlich, ohne sich zu ihr umzudrehen. „Aber jetzt verzieh dich und quassel mich nicht voll am frühen Morgen!" Er zog seine Hand von ihr weg.

Was war denn bloß los? Christine fühlte sich hilflos und stand auf. Irgendwas war schiefgelaufen, dachte sie. Aber warum sagte er es ihr denn nicht?

„Geh in die Schule und lern erst mal richtig Rechtschreiben. Du hast es dringend nötig!"

Christine wurde es mulmig.

Ihr Bruder zog das Kissen über den Kopf.

Sie stand auf und wollte ihm das Kissen wegnehmen, aber er hielt es mit dem Arm fest. Nun begann Christine mit beiden Händen an dem Kissen zu rütteln und zu ziehen. „Los, steh doch endlich auf! Du kommst sonst zu spät!" rief sie.

Plötzlich fuhr Andreas herum und setzte sich auf.

Christine schreckte zurück.

„An deiner Stelle würde ich mich noch heute als Sekretärin bewerben." Sein Ton war abschätzig und wütend.

Sie sah ihn fassungslos an. Warum war er denn so aggressiv ihr gegenüber?

„Oder wie wär's mit Chefsekretärin? Da kannste 'ne Menge Kohle machen."

„Wieso denn?"

„Perfekte Rechtschreibung, einschließlich Unterschrift!"

Christine war nahe am Heulen. So wütend war er noch nie auf sie gewesen, und sie verstand noch immer nichts.

„Sag doch endlich, was passiert ist! Bitte!" schluchzte sie.

Andreas ließ sich aufs Bett zurückfallen und starrte mißmutig an die Decke. „Nichts ist passiert", antwortete er schließlich. „Ich bin bloß meinen Job los, das ist alles!"

Christine zuckte zusammen. „Etwa wegen mir?" fragte sie.

Andreas reagierte nicht.

„Aber wieso denn?"

„Das spielt doch jetzt keine Rolle mehr." Er drehte sich wieder zur Wand.

„Aber ich will es wissen!" forderte sie.

„Der Zug ist schon abgefahren! Geh endlich ins Bad und zieh dich an!"

Verzweifelt ließ sich Christine auf ihr Bett sinken. Sie dachte nach. Was konnte denn da schiefgelaufen sein? Und warum war er dermaßen stinkig zu ihr?

„Na, was ist?" fragte er nach einer Weile.

„Ich geh heute auch nicht", erwiderte Christine, nun plötzlich trotzig. „Ist mir doch alles egal!"

Wie von der Tarantel gestochen sprang nun Andreas plötzlich aus den Federn hoch und baute sich vor ihr auf.

„Was glaubst du denn eigentlich!" schrie er sie an. „Ich tu mir den Streß an und schreib für dich deine Scheiß-Mathearbeit, und du willst dich jetzt ins Bett legen und sie nicht mal abholen? Das fehlt ja gerade noch!"

Christine begann zu weinen.

„Hör mit dem blöden Geheule auf!" tobte er weiter.

Stumm suchte sie sich nun ihre Klamotten zusammen und verließ das Zimmer.

Was soll ich nur machen, dachte sie. Ich halt das nicht aus, wenn er so sauer auf mich ist. Aber reden kann man auch nicht mit ihm. Genausowenig wie mit dem Alten.

In der Küche fand sie eine Scheibe Brot mit Marmelade und eine Tasse mit Kakao. Daneben ein Blatt Papier mit der Handschrift von Oma und einen Zwanzigmarkschein.

Mittwochs mußte Oma immer schon sehr früh zum Putzen antreten. Und der Alte, der immer mit ihr aufstand, fuhr dann mit der S-Bahn nach Tiergarten. Keine Ahnung, was er da machte. Meistens brachte er Zigaretten mit, manchmal aber auch etwas Obst.

Christine stürzte den Kakao hinunter und ließ das Marmeladenbrot liegen. Ihr war schlecht. Sie wollte aufhören mit Heulen, aber es ging nicht. Schließlich zog sie sich an und ging ins Bad.

Plötzlich kam ein Spuckgefühl in ihr hoch. Der Schweiß brach ihr aus allen Poren, und sie begann zu würgen. Sie hielt sich am Waschbeckenrand fest und beugte den Kopf ins Waschbecken.

Im nächsten Moment erbrach sie den Kakao. Immer wieder zog sich ihr Magen zusammen. Es hörte überhaupt nicht mehr auf. Auch das Weinen nicht. Sie zitterte am ganzen Körper.

Christine fühlte sich mutterseelenallein. Sie erbrach sich nochmals, in mehreren Schüben und dachte, daß es gar nicht mehr aufhören würde, aber dann hörte es doch auf, weil ihr Magen leer war und nichts mehr hergab, und dann begann sie endlich, ruhiger zu atmen.

Sie stemmte ihren Oberkörper auf und betrachtete sich im Spiegel. Die Haare hingen ihr wirr ins Gesicht und klebten, naß von den Tränen, an ihrer Haut.

„Wahrscheinlich hab ich schon als Baby so ausgesehen, daß niemand mich mag", sagte sie zu sich. Sie nahm ein Handtuch und wischte sich die Augen aus. Das Weinen hatte endlich aufgehört.

Langsam ging sie zurück zu ihrem Zimmer und öffnete behutsam die Tür, um Andreas nicht zu stören.

Tatsächlich lag Andreas noch immer auf dem Rücken. Er war wieder eingeschlafen.

Der hat's gut, dachte Christine. Der kann auch schlafen mit Wut im Bauch.

Sie könnte das nie. Wenn ihr abends noch etwas durch den Kopf ging, das ihr ein mieses Gefühl im Bauch machte, mußte sie immer daran denken und immer weiter daran herumknabbern und konnte dann ewig lange nicht einschlafen. So wie gestern abend, als Andreas einfach nicht kam.

Sie sah sich im Zimmer um. Wo war denn ihr Schulranzen? An ihrem Hausaufgabentisch stand er jedenfalls nicht. Unterm Bett lag er auch nicht. Nun schlich sie sich wieder aus dem Zimmer.

Der Ranzen lag im Flur unter der Garderobe, genau an der Stelle, wo sie ihn liegengelassen hatte. Nun fiel ihr auch wieder ein, wie der Alte gestern abend im Flur mit dem Fuß gegen ihren Ranzen getreten hatte.

„Du läßt immer alles einfach fallen, und Oma muß es wieder aufräumen!" hatte er ihr vorgeworfen.

„Wieso Oma? Muß sie doch überhaupt nicht!" hatte sie ihm schnippisch zurückgegeben. Dann war sie weitergegangen und hatte ihren Schulranzen absichtlich den ganzen Tag im Flur liegen lassen und sich dann gewundert, daß der Alte nicht noch mal darauf zurückgekommen war.

Sie setzte den Ranzen auf. Er war schwer. Die Riemen drückten in die Haut. Ein bißchen tat es sogar weh. Am liebsten hätte sie ihn wieder abgesetzt.

Eines Tages würde sie den ganzen Schrott aus dem Fenster schmeißen, dachte sie. Sie hatte sowieso keine Lust auf Schule. Aber Andreas zwang sie ja hinzugehen. Er hatte sie deswegen sogar angeschrien! Also ging es nicht anders.

In der Küche öffnete sie den Schrank, nahm ihren Haustürschlüssel vom Küchenbrett und zog das Band, an dem er befestigt war, über den Kopf.

Sie trat in den Hausflur und holte sich den Aufzug.

Was hier bloß immer so stinkt, dachte sie, als sie in die Kabine trat. Irgendjemand hatte eine Tüte mit Pommes auf den Boden geworfen. Versteh ich nicht, dachte sie, wieso schmeißt hier jemand seine Pommes weg? Ich hätte sie gerne gegessen!

Der alte Aufzug wackelte bei seiner Fahrt nach unten.

Manchmal stellte sie sich vor, das Seil, an dem der Aufzug befestigt war, würde reißen. Dann würde der Aufzug mit ihr in den Schacht hinabstürzen und im Keller aufprallen. Der Aufprall wäre so stark, daß sie sicher gleich tot wäre.

Mit einem Ruck hielt der Aufzug nun an.

Sie war im Erdgeschoß und schob die Tür auf.

Draußen wehte ihr ein warmer Wind entgegen. Aber am Himmel hingen schwere Wolken. Hoffentlich würde das Wetter halten, dachte sie, denn an ihren Regenschutz hatte sie nicht gedacht.

Wie spät war es eigentlich? Sie hatte die Zeit völlig aus den Augen verloren! Sie wollte einen Blick auf ihre Armbanduhr werfen. Aber da war nur der helle, runde Fleck an ihrem Handgelenk und der Abdruck des Bandes.

Oma hatte ihr zu Weihnachten eine Armbanduhr geschenkt, ihre erste.

Christine hatte sich riesig gefreut, aber dann war sie plötzlich enttäuscht, denn ihre Uhr war viel kleiner als die von Andreas.

„Das ist eben eine Frauen-Armbanduhr", hatte Oma ihr erklärt und dabei säuerlich das Gesicht verzogen.

„Aber warum sind Frauenuhren kleiner als Männeruhren? Versteh ich nicht", hatte sie gefragt.

Oma hatte keine Antwort gewußt, aber dann hatte sie ihre Hand genommen. „Weil Frauen zartere Hände haben als Männer", sagte sie schließlich.

Christine hatte einen Blick auf ihre eigenen großen, kräftigen Hände und starken Handgelenke geworfen. „Stimmt doch gar nicht!" hatte sie erwidert.

„Wieso denn?"

Christine wollte ihr darauf keine Antwort geben.

„Aber über die Uhr freue ich mich trotzdem." Sie hatte sich bedankt und Oma einen Kuß gegeben.

Die Uhr hatte ein weißes Ziffernblatt und zarte, schön geschwungene schwarze Buchstaben und einen silbernen Rand. Vor allem aber eine Datumsanzeige in der Mitte. Das war neu. So was hatte Andreas' Armbanduhr nicht!

Bis gestern war sie noch gelaufen und war dann plötzlich stehengeblieben.

Oma hatte den Alten gebeten, die Uhr heute mitzunehmen, wenn er nach Tiergarten fuhr. Er sollte sie nachsehen lassen in dem Geschäft, in dem sie die Uhr vor Weihnachten gekauft hatten. Schließlich war noch Garantie drauf. Christine hatte mitbekommen, wie sie ihm den Garantieschein in die Hand gedrückt hatte, und jetzt fiel ihr auch wieder ein, daß die Uhr und der Garantiezettel noch auf dem Kühlschrank lagen. Der Alte hatte es also vergessen oder sich absichtlich nicht darum gekümmert.

Seine Schuld also, wenn sie heute zu spät kommen würde.

Die Schule lag nicht weit von ihrem Hochhaus entfernt. Christine brauchte nicht länger als zwanzig Minuten zu Fuß.

Als sie sich dem langgestreckten Flachdachbau näherte, fielen die ersten Tropfen.

Egal, dachte Christine. Wurde sie eben naß.

Das Gebäude war ein häßlicher Nachkriegsbau aus Beton. Ein langgestrecktes, auf rostigen Stahlsäulen gestütztes Dach führte auf den Haupteingang zu, unter dem Christine nun vor dem Regen Schutz fand. Links vor dem Eingang stand eine Tafel, die mit Metallettern den Namen der Schule anzeigte: Eduard-Spranger-Schule.

Christine warf einen Blick darauf. Merkwürdig, dachte sie, das Schild ist mir noch nie aufgefallen.

Sie zog die Glastür auf und kam in die große Eingangshalle, in der sich nichts befand außer einer langgezogenen Anschlagtafel auf der rechten Seite, an der einige Plakate hingen.

Eines der Plakate war größer als die anderen.

Christine machte einen Schritt auf das Plakat zu.

Es zeigte den nackten Oberkörper eines jungen Mädchens, das wie hingegossen auf einem Bett mit weißen Laken lag.

Sie sieht ein bißchen aus wie Karin, hat aber Augen wie eine Chinesin, dachte Christine und trat noch näher an das Plakat heran. Sie hat auch so kleine Brüste wie ich, dachte sie. Aber sie ist zarter. Und schlanker.

Karin war, nachdem sie sich mit Anja verkracht hatte, an den ersten Platz ihrer Freundinnen aufgerückt.

Sie warf einen Blick auf die Schrift des Plakats, um zu erfahren, was es damit auf sich hatte.

Irgendeine Galerie in Zusammenarbeit mit dem Kulturamt des Stadtbezirks. Christine kam damit nicht zurecht.

Sie ging weiter und öffnete die Durchgangstür, die zu den Klassenzimmern führte. Ihr Klassenzimmer lag im Flur, der rechts nach dem Treppenaufgang abzweigte, links hinten.

Im Gang herrschte Totenstille.

Christine begriff, daß sie zu spät war. Aber sie konnte jetzt nicht kneifen. Sie mußte sich ihre Klassenarbeit abholen. Andreas würde sonst überhaupt nicht mehr mit ihr reden!

Plötzlich erhob sich ein Gesang. Und der Gesang kam aus ihrem Klassenzimmer! Christine blieb stehen und lauschte.

„Morgenglanz der Ewigkeit. Licht aus unerschöpftem Lichte!" Gewaltig erhoben sich die Stimmen ihrer Mitschüler. Der Gesang breitete sich über den ganzen Flur aus.

Sie kannte dieses Kirchenlied. Und sie konnte es nicht mehr hören! Sie hatte es mitüben müssen und fand es völlig doof. Nun war sie froh, daß sie so spät dran war! „Also, da will ich nicht stören", sagte sie zu sich und machte vor der Tür des Klassenzimmers eine Kehrtwendung.

Doch im selben Moment öffnete sich die Tür hinter ihr.

Christine sah sich erschrocken um.

Frau Kupke, ihre Klassenlehrerin, kam heraus. „Ich hab dich gesehen. Wo bleibst du denn? Wir haben alle auf dich gewartet!?" Trotz ihres Vorwurfs lächelte sie Christine an und legte sogar ihren Arm um ihre Schulter. „Müde Augen hast du!"

Christine genoß die Wärme, die sich von Frau Kupkes Arm auf ihren Körper übertrug.

„Und jetzt kommst du mit, ja?" fragte die Lehrerin.

Christine ließ es sich gefallen und nickte ihr jetzt zu.

Die Klasse hatte das Lied zu Ende gesungen.

Frau Kupke schob Christine durch die Tür und folgte ihr.

Alle Blicke richteten sich auf sie. Auf einmal stand sie im Rampenlicht. Dennoch ging sie schnell an ihren Platz.

Pit, ihr Nachbar, roch wie immer aus dem Mund.

„Was ist denn mit dir los, du siehst ja total verheult aus", bemerkte er.

„Schnauze!" konterte Christine scharf.

Frau Kupke stellte sich wieder in Position vor ihre Klasse. Sie wollte den Chor noch einmal anstimmen, aber da erklang schon das Pausenzeichen.

Alle erhoben sich sofort von ihren Plätzen.

Christine blieb sitzen. Ihr war plötzlich eingefallen, daß sie gestern nach der großen Pause ja gar nicht mehr in der Schule war und keine Entschuldigung hatte, ja nicht einmal eine Ausrede. Also nichts wie weg hier, dachte sie und wollte aufstehen.

Aber da kam schon Frau Kupke auf sie zu.

Alle anderen hatten das Klassenzimmer verlassen.

„Ich muß mal mit dir reden", sagte die Lehrerin. Sie setzte sich neben sie auf ihr Pult und biß in einen Apfel.

Christine sah zu ihr auf.

„Willste auch einen?" fragte Frau Kupke und zauberte einen weiteren Apfel aus der Tasche ihres Jacketts. Sie polierte ihn kurz an ihrem schwarzen Rollkragenpulli und drückte ihn Christine dann in die Hand.

Christine bedankte sich und merkte, daß ihr schon wieder schlecht wurde und sie eigentlich gar nichts essen konnte. *Jetzt wird sie mir gleich sagen, daß ich von der Schule fliege, weil sie gemerkt hat, daß mein Bruder meine Arbeit für mich geschrieben hat und daß das Betrug ist.* Krampfhaft hielt sie den Apfel fest.

„Warum bist du denn gestern nach der Klassenarbeit einfach verschwunden?" fragte die Lehrerin.

Christine erschrak. *War ihr doch nichts aufgefallen? Oder kam das dicke Ende noch nach?*

Frau Kupke kaute laut und wartete auf ihre Antwort

„Mir ist schlecht geworden", sagte sie schließlich.

„Aber da hättest du mir ja etwas sagen können! Es gibt hier einen Sanitätsraum, dort hättest du dich hinlegen können. Und wenn es nicht besser geworden wäre, hätte ich dich schon nach Hause geschickt!"

„Ich wollte aber gleich nach Hause", antwortete Christine und blickte starr vor sich hin.

„Und wo hast du deine Entschuldigung?"

Schon wieder eine Entschuldigung, dachte sie mißmutig. *Sie konnte doch nicht schon wieder eine fälschen. Und Andreas würde ihr bestimmt keine mehr schreiben, so wie der drauf war.* „Vergessen", erwiderte sie knapp.

„Außerdem warst du gestern so kurz angebunden, und zu deinen Mitschülerinnen warst du auch nicht gerade besonders freundlich", warf Frau Kupke ihr vor.

„Ich sag doch, mir ging's nicht gut", verteidigte sie sich.

116

„Deshalb kann man sich trotzdem zusammennehmen und miteinander reden!"

„Tut mir leid", sagte Christine endlich. Wahrscheinlich wollte die Kupke das hören und gab dann Ruhe. „Außerdem war mir heute morgen auch schon schlecht. Ich habe mich sogar übergeben müssen und bin trotzdem in die Schule gekommen. Brauche ich dafür auch noch 'ne Entschuldigung?" Sie sah die Lehrerin nun herausfordernd an.

„Nein, ist schon gut", erwiderte sie freundlich. „Nur schade, daß du dadurch die Ausgabe der Mathearbeit verpaßt hast!"

Christine mußte schlucken.

„Aber das können wir ja nachholen." Frau Kupke erhob sich und forderte sie auf, mit ihr nach vorne ans Lehrerpult zu kommen.

Dort zog sie eine Schublade auf, holte das große DIN-A 4-Heft mit dem roten Plastikumschlag heraus und blätterte die Seite mit der Note der Klassenarbeit auf. Sie drehte das Heft um und drückte es ihr in die Hand.

„Eine Eins!" rief Christine aus. „Aber mit einem Minuszeichen! Wo hat er denn da einen Fehler gemacht?"

Sie merkte sofort, daß sie sich verplappert hatte.

„Wieso er?" hakte Frau Kupke nach.

„Was habe ich gerade gesagt?" Christine stellte sich dumm.

„An deiner Stelle wäre ich auch so aufgeregt! Solch einen Treffer hast du ja noch nie gelandet!"

Christine war es unangenehm. Sie wußte nicht, wie lange sie ihr Schauspiel noch durchhalten konnte.

„Wie hast du denn das geschafft?"

Christine zuckte mit den Schultern. „Gebüffelt eben."

„Dann mußt du ja mächtig fleißig gewesen sein."

Christine wich ihrem Blick aus.

„Oder hat dir dein Bruder geholfen."

Christine erschrak wieder, hatte sich aber im Griff.

„Kann man so sagen, ja. Jeden Abend nach der Arbeit hat er sich noch mit mir hingesetzt."

„Da kannst du aber stolz drauf sein, daß du so einen Bruder hast. Es sind nicht alle so nett zu ihrer Schwester!"

„Das ist bei uns auch was anderes!"

Die Lehrerin sah sie interessiert an. „Wie meinst du denn das jetzt?"

„Ich weiß nicht, wie ich es Ihnen erklären soll", erwiderte Christine. „Wir halten eben immer beide zusammen. Das müssen wir auch. Allein hätte keiner von uns eine Chance …" Sie mußte daran denken, wie rüde Andreas sie heute morgen angeschrien hatte und kämpfte mit den Tränen.

Frau Kupke glaubte, Christine sei es peinlich, mit weiteren Einzelheiten aus ihrer Familie herauszurücken. Deshalb wechselte sie jetzt das Thema.

„Übrigens, Pit hat mir gesagt, er würde lieber neben Wolfgang sitzen."

„Ist mir recht", kam es wie aus der Pistole geschossen.

„Ich hatte schon befürchtet, du könntest enttäuscht sein", sagte die Lehrerin.

Christine schüttelte den Kopf.

„Neben wem möchtest du denn gerne sitzen?" fragte Frau Kupke.

„Am liebsten neben Karin", antwortete Christine.

„Das habe ich mir gedacht. Schließlich ist sie ja deine Freundin."

„Ich muß sie nur erst fragen, ob sie auch möchte."

„Das habe ich schon für dich gemacht", erwiderte Frau Kupke.

„Und?" Christine sah sie gespannt an.

„Sie freut sich! Ihr könnt euch gleich nach der Pause zusammensetzen!"

9

Christine gefielen Karins hellblonden, halblangen Haare.

Außerdem roch sie immer so gut. Karin hatte ihr das kleine Fläschchen Parfüm sogar einmal gezeigt, das sie von ihrer Mutter zu ihrem letzten Geburtstag geschenkt bekommen hatte. Der Sprühknopf war aus Gold. Kein echtes Gold, aber es sah echt aus. Die Flasche selbst war aus hübsch verziertem, honigfarbenem, durchsichtigem Glas.

Auch trug Karin am rechten Ohr immer einen Ohrring. Mal hatte sie eine perlmuttfarbene Muschel mit Anhänger, mal einen Kreolenring.

Christine wünschte sich, sie könnte auch so viel Schmuck haben, am liebsten an jedem Finger einen anderen Ring und an jedem Ohr mindestens zwei. Und dafür würde sie sich sogar Löcher reinmachen lassen, auch wenn es wehtat. Aber es ging ja nicht.

Karin war etwas kleiner als sie und zierlicher und hatte blaue Augen. Vor allem aber hatte sie eine dunkle, olivfarbene Haut.

„Find ich toll, daß wir endlich zusammensitzen", sagte Christine zu ihr.

„Ich auch!" bestätigte Karin.

Die letzte Unterrichtsstunde war vorbei, und sie standen etwas unschlüssig auf dem Schulhof herum.

„Wartest du noch auf jemand?" fragte Karin.

„Ne, ich hab bloß keinen Bock, nach Hause zu gehen!" erwiderte Christine.

„Ich auch nicht."

„Wieso du auch nicht?" fragte Christine zurück.

„Ist doch sowieso niemand da."

Christine überlegte. Sie wollte schon so lange mal auf eigene Faust etwas in der Stadtmitte unternehmen, aber Anja hatte nie mitgemacht, und so ganz alleine hatte sie auch keine Lust. „Dann fahren wir zum KaDeWe!" rief sie plötzlich aus.

„Du spinnst doch!" reagierte Karin.

„Wieso, was ist denn?"

„Warst du denn schon mal im KaDeWe?"

„Ne, deswegen will ich ja endlich mal hin! Alle reden davon! Das muß ganz toll sein! Absolute Spitze!"

„Hast du denn Geld?"

Christine sah Karin groß an. Dann zog sie ihren Geldbeutel aus der Gesäßtasche ihrer Jeans und öffnete ihn. Außer dem Zwanzigmarkschein ihrer Großmutter hatte sie noch den Fünfmarkschein, ihr Taschengeld, das ihr Oma gestern zugesteckt hatte. Seit Beginn des neuen Schuljahrs bekam sie immer fünf statt vier Mark, und da es fünf Mark auch in Scheinen gab, hatte sie Oma gebeten, ihr das Taschengeld nicht mehr in Münzen zu geben. Ein Schein machte einfach mehr her, fand sie.

Karin steckte ihre Nase in den Geldbeutel. „Stark!" rief sie aus. „Fünfundzwanzig Mark!" Im nächsten Moment aber sah sie ihre Freundin nachdenklich an.

„Was ist denn los plötzlich?" fragte Christine.

„Mit fünfundzwanzig Mark kommste im KaDeWe aber nicht weit. Und die U-Bahn mußte ja auch noch mitrechnen!"

„Und du?" fragte Christine. „Hast du auch noch was?"

„Doch, schon", sagte Karin. Sie beugte sich zu ihrem Schulranzen herunter und zog eine winzige Damenhandtasche heraus. Beigefarbenes Leder mit einem langen, feingliedrigen Goldkettchen als Anhänger.

Christine schmunzelte. „Wo haste denn das Teil her?"

„Erbstück", sagte Karin und öffnete die Tasche. „Von meiner Großmutter. Die ist doch letztes Jahr gestorben. Meine Mutter hat sie mir geschenkt."

„Dann mach sie doch mal auf", forderte Christine ungeduldig.

Karin knipste den Verschlußknopf auf.

„Nun laß doch endlich sehen!" rief Christine genervt und nahm ihr die Tasche aus der Hand.

Verwundert sah Karin zu, wie Christine nun in ihrer Tasche herumwühlte und schließlich zwei Zehnmarkscheine herauszog.

„Na siehste", sagte Christine schließlich. „Ist doch auch was!"

Karin holte sich ihre Tasche zurück. Plötzlich zauberte sie noch ein Fünfmarkstück auf ihren Handteller. Sie sah ihre Freundin strahlend an. „Siehst du, nun komme ich auch auf fünfundzwanzig", sagte sie voller Begeisterung.

„Mensch, paßt doch!" rief Christine freudig. „Dann haben wir ja zusammen genau fünfzig Mark!"

„Also, versuchen können wir's ja mal", erwiderte Karin, noch immer ein wenig skeptisch. Sie nahm die Handtasche an sich und und schloß den Schulranzen wieder. „Das Problem ist nur, was machen wir mit den Ranzen?" fragte sie, als sie wieder hochkam. „Die können wir ja schlecht mitschleppen!"

„Ist doch gar kein Problem", meinte Christine. „Die bringen wir zurück ins Klassenzimmer! Da sind sie sicher aufgehoben!"

„Und die Hausaufgaben?" warf Karin ein. „Später kommen wir doch da gar nicht mehr ran! Der Hausmeister schließt doch ab!"

Christine packte ihren Ranzen und ging los. Karin tat es ihr nach und folgte ihr.

„Dann lassen wir die Hausaufgaben heute mal", sagte Christine. „Hab sowieso keinen Bock drauf!"

Die Tür des Klassenzimmers war noch offen. Sie legten ihre Schulranzen ab, jede auf ihren Platz.

„Ich kann's mir ja schließlich leisten", sagte Christine und warf sich angeberisch in Pose.

„Gib bloß nicht so an!" entfuhr es Karin plötzlich.

Christine warf ihr einen verblüfften Blick zu.

„Brauchst gar nicht so zu gucken!" Karin sah sie herausfordernd an. „Meinst du vielleicht, mir ist nicht aufgefallen, daß du gestern nicht in der Schule warst?" Sie lächelte neckisch.

Christine bekam plötzlich Angst. Wenn Karin was gemerkt hatte, dann hatte bestimmt auch die Kupke was gemerkt und die anderen auch. Oder vielleicht doch nicht? Frau Kupke hatte nichts gesagt heute morgen. Jedenfalls nicht direkt. Und nicht einmal, als sie sich kurz verplappert hatte …

Sie wich Karins Blick aus und schwieg.

Karin schwang sich auf das Lehrerpult und schlug die Beine übereinander. „Ich kenn dich eben", sagte sie mit einem provozierenden Lächeln.

In Christine wuchs der Verdacht, daß Karin wirklich etwas aufgefallen sein könnte. Sie setzte sich auf den Fenstersims ihr gegenüber. „Sag schon!" forderte sie ihre Freundin nun auf und sah ihr ins Gesicht. „Mal ganz ehrlich! Aber wirklich!"

Karin erwiderte den Blick ihrer Freundin.

„Mal ganz ehrlich, ja?"

Christine nickte ungeduldig.

„Also, wenn du es genau wissen willst: Hast du dich eigentlich schon mal rasiert?"

Ohne über diese Frage nachzudenken, fuhr sich Christine mit der flachen Hand über ihre Wange und ihr Kinn.

Karin begann zu prusten.

Christine starrte sie an. Dann dämmerte ihr etwas. Nun fiel sie in das Lachen ihrer Freundin mit ein.

„Es war der totale Schock!" rief Karin aus und lachte weiter.

„Das darf doch nicht wahr sein!"

„Ich wollte dir nur nett *Guten Morgen* sagen und bin ganz kurz mit der Hand über deine Wange gefahren …"

„Sag bloß, Andreas hat dir seine unrasierte Reibeisenhaut hingehalten. Eklig!" stieß Christine aus.

„Sag ich doch, vollendetes Schocking! Aber für Andreas auch. Der hatte nämlich einen Mordsschiß, daß ich was gemerkt haben könnte."

„Kann ich mir vorstellen", sagte Christine.

„Aber eklig war es überhaupt nicht." Karin verdrehte die Augen. „Ganz im Gegenteil! Ich habe noch nie die Wange eines Mannes berührt!"

„Wenn man einen Bruder hat, kennt man das", erwiderte Christine. „Aber so furchtbar erregend, wie du tust, ist es nun auch wieder nicht!"

„Ist doch auch was anderes", meinte Karin. „Schließlich seid ihr beide ja Geschwister!"

„Aber er hat mir kein Wort darüber verraten."

„War ja auch nicht notwendig!"

Christine runzelte die Stirn. „Wie, nicht notwendig."

„Als ich ihm über seine Wange gestreichelt habe, ist er sofort mit dem Gesicht zurückgezuckt."

„Ja, und dann?" wollte Christine wissen.

„Und dann habe ich ihm zugerufen: Wieder mal nicht gut drauf heute, Christine? Und zwar so laut, daß alle es hören konnten. Die Kupke mit eingeschlossen!"

Christine schüttelte fassungslos den Kopf. „Das ist ja vielleicht 'ne Nummer! So 'ne Reaktion, und das auch noch auf die Schnelle! Alle Achtung!"

„Andreas hat mich im ersten Moment angeglotzt, als wär er völlig von der Rolle! Richtig blaß ist er geworden", erzählte Karin weiter, „dann hat er aber begriffen, daß ich sein Spiel mitspiele."

„Ich bin dir ja so dankbar!" sagte Christine und löste sich vom Fenstersims. Sie ging auf ihre Freundin zu und umarmte sie. „Du bist wirklich ein Schatz!"

Karin erwiderte ihre Umarmung, dann schob sie Christine aber wieder auf Abstand. „Aber kannst du mir mal sagen, was ich jetzt machen soll?" sagte sie.

Christine sah sie fragend an. „Wieso denn?"

Karin ärgerte sich. „Na ja, du mit deiner Eins kannst dir ja jetzt einen freien Nachmittag leisten! Aber ich?"

„Was für 'ne Note hast du denn gekriegt?"

„Ich hab 'ne Vier geschrieben!" erwiderte sie zerknirscht.

„'Ne Vier geht doch noch", versuchte Christine sie zu trösten. „Mit 'ner Vier kann man nicht durchfallen. Die mußte auch nicht ausgleichen. Erst darunter wird's gefährlich."

Karin lächelte sie dankbar an. Aber dann fiel ihr ihre Mutter wieder ein. „Außerdem, was glaubste, was meine Alte sagt, wenn sie erfährt, daß ich 'ne Vier produziert und dann noch die Verbesserung nicht gemacht habe!"

„Aber daß du heute nachmittag ins KaDeWe gehst, anstatt nach Hause zu kommen, dagegen hat sie nichts?" Christine zwinkerte ihrer Freundin zu.

Karin winkte ab. „Das kriegt die gar nicht mit. Ich hab dir doch schon gesagt, daß die auf Arbeit ist. Aber das mit der Verbesserung kriegt sie eben mit, wenn die Kupke ihr Bescheid stößt. Das ist das Problem!"

Christine wurde nachdenklich. Sie setzte sich auf den Boden und zog die Knie an. „Dann laß uns mal überlegen!"

Karin setzte sich neben sie.

„Was haben wir eigentlich auf?"

„Eigentlich nur die Verbesserung."

„Na also, dann wär's das doch schon!" sagte Christine.

Karin sah sie erstaunt an.

„Na ja, dann müssen wir ja nur unsere Mathearbeit mitnehmen. Den Rest können wir dalassen!"

„Gute Idee!" sagte Karin und sprang auf.

„Mein ich doch!"

„Und wo willste dann die Hefte solange lassen?"

Daran hatte Christine noch nicht gedacht. Sie überlegte. In den Hosenbund ihrer Jeans pressen? Unmöglich! Das würde jedem auffallen.

„Weißte was", schlug Karin vor. „Wir deponieren die einfach in 'nem Schließfach im Bahnhof Zoo!"

„Das können wir uns doch gar nicht leisten!" konterte Christine.

„Die vier Mark müssen wir eben locker machen!"

„Mann, das ist fast mein ganzes Taschengeld!"

„Geteilt durch zwei!"

Christine überlegte. Karin hatte recht. Es gab keine andere

Möglichkeit. Oder sie müßten den ganzen Nachmittag über ihre Hefte irgendwie in der Hand mitschleppen.

So, als wäre Karin ihren Gedanken gefolgt, sagte sie plötzlich zu Christine, sie sollten nicht riskieren, beim Ausprobieren von Klamotten ihre Hefte irgendwo liegenzulassen. Und da wären die zwei Mark doch durchaus gut investiert, und sie hätten wirklich freie Hand.

„Ist gebongt!" sagte Christine.

„Also dann komm jetzt endlich!" Karin erhob sich und holte ihre Klassenarbeit aus dem Schulranzen.

Auch Christine suchte nach dem Heft in ihrem Schulranzen, konnte es aber nicht finden.

Karin kam, um nachzuschauen und ihr zu helfen. Schließlich zog sie ein Heft mit einem roten Umschlag hervor und drückte es ihrer Freundin in die Hand.

Christine nahm das Heft an sich und bedankte sich.

„Ich versteh gar nicht, wie man so ein Chaos im Schulranzen haben kann", merkte sie kopfschüttelnd an.

„Und ich versteh nicht, warum alles so kompliziert ist", entgegnete Christine. „Deswegen muß ich jetzt endlich raus hier!" Sie ging auf die Tür zu.

Plötzlich hörten sie Schritte auf dem Gang.

Karin verbarg ihr Heft hinter dem Rücken.

„Kann eigentlich bloß der Hausmeister sein", sagte Christine gelassen. „Wovor haste denn Angst? Wir mußten unsere Hefte noch holen – und fertig! Falls er überhaupt was wissen will ..."

„Hoffentlich schließt er uns nicht ein!" zischte Karin.

Sie lauschten. Aber die Schritte gingen an ihrem Klassenzimmer vorbei.

„Puhhh!" stießen beide erleichtert aus und sahen sich in die Augen.

„Dann also los!" rief Karin und hatte die Hand schon auf der Klinke.

Da legte Christine plötzlich ihren Arm um ihre Schultern. „Ich will dir noch was sagen", eröffnete sie ihr.

„Was denn?" fragte Karin zurück.

„Ich finde, daß dir das unglaublich gut steht: deine dunkle Haut zusammen mit dem weißen T-Shirt!"

„Weiß ich!" erwiderte Karin selbstbewußt. „Aber danke für das Kompliment!"

Nun huschten sie endlich hinaus und verließen unbehelligt die Schule.

Auf dem Weg zur U-Bahn fiel Christine ein, daß sie die Strecke ins Zentrum noch gar nie gefahren war. „Wie kommt man eigentlich zum KaDeWe?" fragte sie ihre Freundin schließlich, obwohl es ihr etwas peinlich war.

„Wir fahren bis zum Zoologischen Garten und dann können wir entweder laufen oder wir steigen um und fahren noch eine Station weiter bis zum Wittenbergplatz."

„Du kennst dich ja gut aus!"

Karin runzelte die Stirn. „Bist du denn noch nie in der Stadtmitte gewesen? Die Kaiser-Wilhelm-Gedächtniskirche, und dann die ganzen Schickimicki-Geschäfte …"

Christine schüttelte den Kopf. „Meine Großeltern fahren da nie hin", sagte sie. „Und wenn sie mal hingefahren sind, haben sie mich nicht mitgenommen."

„So was gibt's doch gar nicht!" sagte Karin.

„Was glaubste denn, warum ich da jetzt endlich mal hin will! Die haben mir noch nie was gezeigt von Berlin."

„Ist ja echt ätzend!" kommentierte Karin. „Da haste aber wirklich Pech, mit solchen Großeltern!"

„Das kannste laut sagen! Aber jetzt mach ich das eben auf eigene Faust!" Christine senkte den Blick. Außer der Abrißbirne in ihrem Viertel hatte sie von Berlin tatsächlich wenig kennengelernt.

Mit einer Ausnahme: Frau Kupke hatte ihnen im Gemeinschaftskundeunterricht mal den ganzen Stadtplan erklärt. Und sie hatten im Biosaal der Schule sogar mal einen Film gesehen über die Kriegszeit, in der Berlin zerstört wurde, und wie sie das mit dem Wiederaufbau der Kaiser-Wilhelm-Gedächtniskirche gemacht hatten. Daß man den Rest der zerstörten Kirche so gelassen hatte, wie er war.

Aber selber gesehen hatte sie das Zentrum in der Stadtmitte noch nie. Wenn zwischen ihren Großeltern davon die Rede war, dann ging es immer nur um das KaDeWe.

In der U-Bahn zum Zoologischen Garten fanden sie einen Sitzplatz nebeneinander.

Unbefangen legte Karin ihre linke Hand auf Christines Knie. Ihr ging das Kompliment, das ihr ihre Freundin in der Schule gemacht hatte, nicht aus dem Kopf. „Weißt du, Christine …", fing sie stockend an, „ich kenn mich im Zentrum ganz gut aus …"

Christine tat die Berührung gut.

Karin nahm ihre Hand wieder zurück. „Was du da vorhin gesagt hast mit meiner dunklen Haut und so …"

„Ja, und?" fragte Christine. Sie war wahnsinnig neugierig.

Christine fuhr jetzt spontan mit ihrer Hand wie mit einem Kamm durch die Haare ihrer Freundin. „Sie paßt auch zu deinen blonden Haaren! Ein toller Gegensatz!"

Karin fand es schön. „Die Haare hab ich von meiner Mutter und die Haut von meinem Vater!" gestand sie ihr.

„Ich dachte, du hast gar keinen Vater!"

„Ich hab ihn ja auch nie kennengelernt!"

„Ich meinen Vater auch nicht", sagte Christine.

„Aber meine Mutter hat mir immer wieder von ihm erzählt!" Karin versank in Gedanken.

„Meine Alten haben noch nie was Reales rausgelassen über meine Eltern", sagte Christine.

„Dann vergiß es doch einfach!" erwiderte Karin.

„Erzähl du mal weiter!" forderte Christine sie auf.

„Mein Vater ist Pakistani", erklärte Karin ihr endlich.

„Noch nie gehört", stellte Christine fest. „Kommt er aus Afrika?"

Karin schüttelte den Kopf. „Nee, er ist eher so was wie ein Inder!"

Christine konnte damit nichts anfangen und verzog das Gesicht.

Karin überlegte. „So ähnlich wie Kavita aus der vierten Klasse!" fiel ihr plötzlich ein.

„Das Mädchen mit dem Punkt auf der Stirn?"

„Genau!" erwiderte Karin. „Kavitas Eltern kommen aus Indien!"

Christine lächelte nachdenklich. Dann berührte sie wieder kurz den Unterarm ihrer Freundin. „Daher hast du die dunkle Haut!"

Karin nickte und streifte sich nachdenklich mit der flachen Hand über ihren Unterarm.

„Weißte was?" Christine wechselte nun das Thema. „Auf so was wie die Gedächtniskirche oder 'nen anderen Schulkram hab ich keinen Bock. Am besten, wir steigen gleich an dem Platz aus."

„Geht nicht!" erinnerte sie Karin. „Wir müssen doch die Hefte einschließen!"

„Stimmt!" erwiderte Christine ungeduldig, rollte ihr Heft zusammen und schlug es während der restlichen U-Bahn-Fahrt im Takt der Schienen auf ihre Knie.

Als sie am Bahnhof Zoo ankamen, ging Karin gezielt zu den Schließfächern. Sie kannte sich aus, deponierte ihre Klassenarbeit und legte die von Christine dazu. Den Schlüssel nahm sie an sich. Sie hörte den nächsten Zug eindonnern und zog Christine mit sich. „Komm, schnell! Das ist unsere Bahn!"

Diesmal suchten sie sich keine Sitzplätze, denn es war ja nicht weit.

Als sich die Türen der U-Bahn endlich wieder öffneten, stürmte Christine sofort hinaus und rannte die Treppen hoch.

„Halt doch mal!" rief Karin ihr hinterher. Sie wollte ihre Freundin auf die besonders schön geschwungenen Geländer im Treppenaufgang aufmerksam machen, auf die alten, hübschen Werbeschilder, die an den Wänden waren.

Ihre Mutter hatte ihr das alles einmal erklärt. Wittenbergplatz sei die schönste U-Bahn-Station von ganz Berlin, hatte sie gemeint.

Aber Christine hatte nicht nach links und rechts geschaut und stand schon auf dem Vorplatz. Sie sah sich um. Wo sollte denn nun das KaDeWe sein?

Eine Zeitungsverkäuferin trat auf sie zu. „Berliner Morgenpost?"

Christine schüttelte unwirsch den Kopf.

Karin war ihr hinterhergerannt. „Da drüben, einfach über die Straße!" erklärte sie ihrer Freundin, als sie sie eingeholt hatte.

Als sie das Kaufhaus betraten, standen sie vor einem riesigen Turm von Handtaschen und Koffern und anderen Lederwaren. Staunend zogen sie an ihm vorüber und kamen in die Parfümerie-Abteilung.

Christine schoß auf die erste Verkaufstheke los.

Karin nahm eine von den Proben und sprayte sich einen Hauch auf die Rückseite ihrer Hand.

Christine sah ihr staunend zu. „Sag mal, spinnst du?"

„Warum?" gab Karin zurück und roch an ihrer Haut.

Unsicher blickte sich Christine nach links und nach rechts um. „Kannste doch nicht einfach so wegnehmen!"

„Darf man hier!" erklärte ihr Karin und hielt ihr ihre Hand hin.

Christine durfte schnuppern.

„Bäh!" stieß sie aus.

Karin starrte sie an. Irritiert roch sie selbst noch mal. „Ich weiß nicht, was du hast! Riecht doch gut!"

„Scheußlich!" befand Christine. „Irgendwie bitter!"

„Du kannst dir ja was anderes aussuchen", erklärte Karin und deutete auf die vielen anderen Stände.

Jetzt erst entdeckte Christine, daß es hier offenbar unendlich viele Angebote gab, nur für Parfüms.

Dann fiel ihr Blick auf den gläsernen Aufzug. Sie drehte sich nach ihrer Freundin um, die noch immer am Schnuppern war. „Was ist denn das?" rief sie aus.

„Das ist der Aufzug hier", erwiderte Karin gelassen. Sie kannte das alles schon, und Christine begann sie zu nerven. Aber sie machte mit und hielt zu ihr. Christine hatte ihr ja erzählt, daß sie das erste Mal im KaDeWe war. Und sie konnte sich auch noch daran erinnern, wie es ihr selbst ging, als sie zum ersten Mal mit ihrer Mutter hier war. Da hatte sie auch nur gestaunt …

„Komm!", rief Christine und nahm ihre Hand. Mit diesem Aufzug mußte sie unbedingt fahren!

Also gut, Aufzug fahren, dachte Karin und ließ sich von ihr in die Kabine schleppen, von der aus man einen tollen Ausblick auf sämtliche Stationen des Konsumtempels hatte.

So hatte ihre Mutter das Kaufhaus mal bezeichnet.

Auf der nächsten Etage schleppte Christine sie wieder hinaus.

„Wohin willste denn?" fragte Karin.

„Einfach nur anschauen! Alles anschauen!" erwiderte Christine.

Sie schlenderten durch die Dessous-Abteilung.

„Echt toll!" stieß Christine aus und sah sich nach den Büstenhaltern um. Sie wurden in weiß, schwarz, hautfarben, rot, rosé, blau und in anderen Farben angeboten.

Christine nahm zögernd einen der Büstenhalter in die Hand. „Eigentlich wollte ja Oma einen für mich kaufen", sagte sie, mehr für sich.

„Wird auch echt Zeit, daß du einen trägst!" meinte Karin.

„Echt?" Christine sah ihre Freundin fragend an.

„Meine Mutter hat mir schon vor einem Jahr einen gekauft."

Christines Blick fiel auf das Etikett des BHs. „Mmh!" Sie stellte sich mit dem BH in Pose und lächelte dabei etwas verlegen. „Champagnerfarben!"

„Kauf ihn dir doch!" schlug Karin vor. Sie lächelte verschmitzt.

Christine nahm wieder das Etikett in die Hand. „Neunzig Mark dreißig!" las Christine ab.

„Also dann vergiß es einfach wieder! Ich hab dir doch vorhin schon gesagt, daß du hier nichts einkaufen kannst!" Karin wollte weiter.

„Aber von der Größe her?" fragte Christine zurück. „Würde der mir denn passen?" Sie hielt den Büstenhalter unbeholfen hoch, als hätte sie einen Fisch an der Angel.

„Weiß ich nicht", erwiderte Karin. „Komm weiter!"

„Aber ich will ihn haben!" sagte Christine und stopfte den BH kurz entschlossen in die Tasche ihrer Jeans.

Karin schüttelte den Kopf. „Keine Chance!"

„Wie, keine Chance?" Christine sah sie konsterniert an.

„Alles elektronisch gesichert!"

„Ich versteh dich nicht! Das kriegt doch überhaupt niemand mit, wenn ich mit diesem Ding durch die Kasse geh!"

„Und ob das jemand mitkriegt!" Karin warf ihr einen abschätzigen Blick zu. „Elektronisch gesichert, hab ich gesagt. Sieh doch mal nach dem Plastikteil, das da am Körbchen hängt!"

Christine holte den Büstenhalter wieder heraus. Sie hatte sich regelrecht in ihn verliebt, und jetzt sollte sie ihn nicht mitnehmen dürfen!

Nun aber stieß sie auf den Plastikchip mit der elektronischen Sicherung, und sie ärgerte sich maßlos, daß sie ihn nicht abreißen konnte und daß dieses schöne Teil so teuer war. Schließlich hängte sie es einfach an irgendeiner der Kleiderstangen ab.

Karin war erleichtert.

Sie hakten sich ein und schlenderten weiter durch die Abteilungen, und langsam kam Christine wieder in bessere Laune.

An einer Wegkreuzung versuchte Karin, sie nach links zu ziehen. Aber Christine steuerte plötzlich dagegen und auf einen Berg mit Männerhemden zu.

„Wahnsinn!" rief Christine aus und löste sich von Karin. Zielgerichtet ging sie auf eines der Angebote zu. Sie riß ein unverpacktes Hemd aus dem Stapel heraus und hielt es sich vor den Körper, um sich Karin zu zeigen.

Karin schüttelte den Kopf.

Christine ließ das Hemd sinken und sah sie enttäuscht an.

„Was willste denn jetzt plötzlich mit 'nem Männerhemd?" fragte Karin verständnislos.

„Andreas hat genau so eins! Und außerdem ist es ein Sonderangebot!"

„Laß mal sehen!" Karin ging auf sie zu und befühlte den Stoff und nahm das grobe Karomuster in Augenschein.

„Wenn er schon so ein Hemd hat, dann ist es doch Quatsch, ihm noch mal dasselbe zu schenken", meinte Karin.

Christine hatte mit dem Hemd etwas anderes vor, wollte es aber Karin nicht sagen. „Ich nehm's. Trotzdem!" sagte sie deshalb knapp.

Ihre Freundin zuckte mit den Achseln. „Wenn du meinst", sagte Karin. „Mir ist es egal. Bloß der Preis stimmt wieder nicht!"

„Wieso?" erwiderte Christine und nahm ihr das Etikett aus der Hand. „Wenn du mir zehn Mark leihst, reicht es doch!"

10

„Weißt du, was das ist?" Christines Großvater stand vor der Wohnungstür und hielt einen Briefumschlag in der Hand. Die Kieferknochen arbeiteten in seinen Wangen. Mit einem kalten, strengen Blick erwartete er sie.

Christine stürmte mit der Plastiktüte vom KaDeWe, in der sie auch ihre Mathearbeit hatte, die Treppe hoch. Die ganze Zeit über hatte sie sich vorgestellt, wie Andreas wohl auf das Hemd reagieren würde. Sie wollte es anziehen und es ihm zeigen, und dann würde er sich freuen, daß sie genau dasselbe hatte wie er, und dann würde er sagen, es sei schon alles wieder o. k. mit ihnen und sie sollte sich mal keine weiteren Sorgen machen. Dann wäre sie wieder glücklich.

Und sie wollte Oma ihre Note zeigen. Die würde auch Augen machen!

Aber nun stand der Alte da. Was wollte er denn schon wieder von ihr?

„Zahlungsaufforderung der BVG!" sagte er knapp.

Sie erschrak. Hatten diese miesen Typen von der U-Bahn ihm

tatsächlich einen Brief geschrieben!? „Keine Ahnung", erwiderte sie und drängte sich an ihm vorbei in den Hausflur.

„Gleich rechts in die Küche!" befahl er. „Da wartet nämlich schon deine Großmutter. Und die hat auch noch 'ne kleine Frage an dich!"

„Was denn für 'ne Frage!?" gab Christine genervt zurück, verstummte aber im nächsten Moment. Oma saß, das tränenüberströmte Gesicht in die Hände gestützt, am Küchentisch und schluchzte laut. Und sie schaute auch nicht zu ihr auf.

Verdammte Scheiße, was soll denn das Theater, dachte Christine. Gleichzeitig tat es ihr aber auch weh, Oma so weinen zu sehen.

„Setz dich!" kam der nächste Befehl ihres Großvaters.

Christine nahm am Küchentisch Platz und streckte ihre Hand aus, um ihre Oma tröstend am Arm zu berühren. Aber diese zuckte zurück.

„Ich weiß ja, daß ich Scheiße gebaut habe", gestand Christine schließlich und starrte vor sich hin.

„Kommt drauf an, was du mit Scheiße meinst!" sagte Krossmann hart. Er stand noch immer hinter ihrem Stuhl und hielt den Briefumschlag in der Hand.

Christine zuckte aufmüpfig mit den Schultern.

„Die sechzig Mark Strafe zahlst du sowieso aus deiner eigenen Portokasse!" Er setzte wieder sein typisches sarkastisches Grinsen auf. „Aber was du deiner Großmutter angetan hast, ist mit keinem Geld der Welt wieder gutzumachen!"

Äußerlich zeigte Christine keine Reaktion. Es tat ihr leid we-

139

gen ihrer Oma, aber sie verstand nicht, warum die endlos herumheulte. Sie würde den Schaden ja wieder gutmachen. „Ich stottere meine Schuld von meinem Taschengeld ab und verspreche euch, daß ich nie mehr schwarzfahren werde. O. k.?"

Sie dachte, Oma würde nun endlich aufhören zu weinen und die Sache wäre damit erledigt. Aber als sie aufstehen wollte, drückte ihr Großvater sie wieder auf ihren Stuhl zurück. „Da, lies mal!" sagte er und knallte ihr das Schreiben der BVG auf den Tisch.

Christine bemerkte, wie ihre Großmutter plötzlich mit Weinen aufhörte, in ihr Taschentuch schneuzte und sie gespannt ansah. Sie griff nach dem Brief, aber der Alte riß ihr das Schreiben sofort wieder aus der Hand. „Von einer Anzeige wegen Körperverletzung nehmen wir ausnahmsweise noch einmal Abstand", las er vor.

Christine stutzte, dann fiel ihr wieder ein, wie sie dem Schutzpolizisten in der U-Bahn ihren Kopf gegen die Birne geknallt hatte. Und deshalb machten die Alten jetzt so einen Aufstand? Lächerlich, fand sie.

„Körperverletzung", wiederholte der Alte und legte den Zeigefinger auf das Wort des Schriftstücks.

„Was hast du denn angestellt?" Ihre Großmutter preßte die Frage hervor und blickte Christine fassungslos ins Gesicht.

„Erklär ihr das endlich mal!" sagte Krossmann.

„Keine Ahnung!" Christine mauerte.

Er fühlte sich provoziert und war außer sich vor Wut. Er hob seinen Arm und wollte zuschlagen.

„Bitte nicht!" schrie nun Christines Großmutter auf.

Krossmann ließ seinen Arm wieder sinken. Mit verbissenem Gesicht wandte er sich um zur Spüle. „Raus!!" schrie er nun. „Raus! Hau endlich ab und verzieh dich auf dein Zimmer!" Er drehte sich herum und rüttelte an Christines Stuhllehne. „Hörst du nicht?" schrie er, außer sich.

Christine wollte aufstehen, aber da stand plötzlich Andreas in der Tür.

„Was ist denn hier wieder für ein Terror los!" Auch er schrie jetzt. „Reicht es denn nicht, daß du ihr blaue Flecken auf die Schulter gemacht hast?"

Krossmann drehte sich zu ihm um. „Der hat mir gerade noch gefehlt!" sagte er mit bebender Stimme. Er sah Andreas scharf an. „Wo kommst du überhaupt her?"

„Aus meinem Zimmer, woher denn sonst!" erwiderte Andreas aggressiv. „Kann mir mal einer erkären, was hier wieder abgeht?"

„Warum bist du nicht bei Pudelko?" fragte Krossmann. „Habt ihr neuerdings schon um 15 Uhr Feierabend, oder was?"

„Weil es Pudelko nicht mehr gibt!" erwiderte Andreas trokken.

„Wie: nicht mehr gibt?" Sein Großvater sah ihn verblüfft an.

„Ich habe gekündigt, das ist alles. Und jetzt laß Christine in Ruhe!"

Krossmann wandte sich wieder ab. Er wußte nicht mehr weiter. „Sag du doch mal was!" forderte er seine Frau schließlich auf.

141

Sie sah ihn unsicher an. „Wer von euch beiden hat die Bierflasche im Keller aufgemacht."

„Das war ich", gab Andreas zu.

„Spielt doch jetzt überhaupt keine Rolle in dem Zusammenhang", entgegnete Krossmann und mußte plötzlich lachen. „Der Göre wird das Taschengeld gestrichen. Fernseh- und Telefonverbot. Ab sofort."

Christine hatte sich in sich zurückgezogen und schwieg. Aber sie war froh, daß Andreas ihr trotz allem geholfen hatte.

„Das kannst du nicht mit ihr machen!" brauste Andreas auf. „Wir sind doch hier nicht im Knast!"

Krossmann reagierte nicht auf Andreas und sah verbittert zum Fenster hinaus.

Wenn die Kleine nicht wäre, wäre ich hier schon lange weg, dachte Andreas.

Christine stand plötzlich auf. „Taschengeld und Telefon gibt's selbst im Knast!" Sie verließ sie die Küche und schlug die Tür hinter sich zu. Andreas folgte ihr.

„Woher hat sie denn diese Weisheit?" fragte Krossmann seine Frau.

„Stand gestern in der Zeitung. Sag bloß, du hast den Artikel übersehen!"

„Ne, aber ich wußte gar nicht, daß sie plötzlich lesen kann", erwiderte Krossmann zynisch.

„Sie hat auf das Bild mit den Gittern gedeutet, und dann habe ich es ihr eben erklärt!"

Krossmann ließ die Schultern sinken und atmete tief durch.

„Das ist also deine Art von Erziehung. Kannst du ihr nicht was Besseres beibringen als diesen Schwachsinn?"

Frau Krossmann wollte protestieren. Dann aber wandte sie sich stumm und verzweifelt ab.

11

„Alles läuft völlig beschissen!" sagte Christine, als sie in ihrem Zimmer waren. Am liebsten hätte sie losgeheult. Da fiel ihr das Hemd wieder ein. „Paß mal auf!" sagte sie voller Vorfreude. „Vergessen wir die Alten einfach! Ich hab mir was gekauft!"

Andreas sah ihr erstaunt zu, wie sie nun in ihre KaDeWe-Tüte griff und ein Hemd herauszog, das seinem Hemd genau glich. Große Karos. Sie stellte sich etwas unbeholfen vor ihm in Position und wollte seine Meinung hören.

Andreas sah sie fassungslos an. Sie hatte ihn um seine Lehrstelle gebracht, und nun wollte sie ihm mit einem Hemd imponieren? Er grinste sie abschätzig an. „Spinnst du, Tinchen? Was soll denn das?"

Christine ließ das Hemd sinken und sah ihn verstört an. „Was hast du denn nun schon wieder?"

„Mich hätte viel eher meine Note interessiert", sagte er gekränkt und wandte sich ab. „Ich bin ich und du bist du. Und von der Zwillingsgeschichte habe ich die Schnauze gestrichen voll!" preßte er heraus.

Christine biß sich auf die Lippen. Nun ließ auch er sie im Stich, dachte sie und warf sich verzweifelt auf ihr Bett.

Andreas wußte nicht, was er tun sollte. Wenn er nun zu ihr ginge, um sie zu trösten, und sie berühren würde, würde sie sicher um sich schlagen. Das hatte sie schon im Sandkasten so gemacht.

Plötzlich schoß Christine vom Bett wieder auf. „Ich hab's satt!" schrie sie jetzt.

„Glaubste vielleicht, ich nicht?"

„Und du bist sowieso der allerletzte Typ!" stieß Christine aus und rannte aus dem Zimmer.

„Dumme Ziege!" rief er ihr empört nach. „Und wie kommst du überhaupt zu 'ner KaDeWe-Tüte? Willste jetzt Schicki-Micki spielen, oder was?"

12

Christine lag im Nachthemd auf ihrem Bett. Von ihrem Kopfkissen aus konnte sie durch das Fenster auf den alten Kasta-
nienbaum im Hof sehen, dessen Blätter der Wind in der
Abenddämmerung wiegte.

Wochenlang hatte Andreas nicht mehr mit ihr geredet, zeigte ihr die kalte Schulter und ging ihr aus dem Weg. Abends kam
er auch immer später nach Hause, weil er in der Kneipe bei
Monika steckte. Ich würde ja gerne mal wissen, was zwischen
denen eigentlich läuft, dachte sie.

Andreas wartete abends immer so lange, bis der Alte von
Rolfs Pinte heimkam, das war so gegen halb neun oder neun.
Und dann ging er los und blieb lange weg. Meistens war sie
dann schon eingeschlafen, wenn er wieder heimkam.

Dabei war es sie, die ihn verletzt hatte, das war ihr klar. Daß
er der allerletzte Typ sei, hatte sie ihm an den Kopf geworfen.
Obwohl sie das im Grunde doch gar nicht so gemeint hatte! Sie
liebte ihn ja! Nur aus Wut war ihr das so herausgeplatzt ... Was
konnte sie nur tun, um wieder mit ihm zusammenzukommen?

Da erklang wieder Kittys Saxophon. Christine lauschte auf die Melodie. Schließlich erkannte sie das Stück. *Strangers in the Night*, so 'ne langweilige Schnulze, dachte sie verächtlich. Und doch tat ihr der rauchige Klang irgendwie gut. Sie wurde entspannter und legte ihre Arme, die sie bisher über ihrer Brust verschränkt hatte, neben ihren Körper. Ein paar Minuten hörte sie der Musik zu.

Dann aber wurde sie wieder unruhig. Kitty hatte sie doch eingeladen, fiel ihr ein. Sie könnte jetzt einfach zu ihr runtergehen. Aber dann würde sie bestimmt wieder zu heulen anfangen, das wußte sie. Und von Andreas erzählen, wie er sie hängen ließ. Und das ging Kitty ja eigentlich nichts an. Und wenn Andreas irgendwie erfahren würde, daß sie schlecht über ihn redete, dann wäre es endgültig aus zwischen ihnen.

Sie stand auf und zog sich wieder an. Sie mußte Andreas finden. Er mußte wieder mit ihr reden. Und wenn er nicht wollte, würde sie ihn dazu zwingen! Irgendwas würde ihr da schon einfallen! Sie suchte nach ihrer Armbanduhr. Wie spät war es eigentlich? Nicht, daß sie dem Alten noch in die Arme lief! Dann fiel ihr wieder ein, daß ihre Armbanduhr ja kaputt war. Auch egal, dachte sie.

Entschlossen ging sie nun zur Tür und stahl sich aus der Wohnung. Sie entschloß sich, die Treppe zu nehmen. Die Vorstellung von dem versifften Aufzug verursachte ihr Übelkeit. Sie rannte los. Unten im Treppenhaus stieß sie plötzlich auf Kitty, die gerade eine Mülltüte rausbringen wollte. Sie bremste ab, freute sich.

Kitty hatte gehört, wie sie herunterstürmte und sah sie freundlich an.

„Schon fertig mit Üben?" fragte Christine. Sie war ein wenig verlegen und wußte selbst nicht, warum. Vielleicht, weil sie so direkt fragte.

Kitty stellte ihre Mülltüte in die Ecke. „Hab gar nicht geübt. War rein zur Entspannung!" erwiderte sie. Sie sah ihr intensiv in die Augen. „Möchtest du reinkommen?"

Christine kämpfte mit sich. Sie war im Zwiespalt. Sie mochte Kitty. Aber sie mußte auch ihren Bruder finden.

„Stimmt was nicht?" fragte Kitty.

„Eigentlich stimmt überhaupt nichts!" brach es plötzlich aus Christine heraus.

Kitty sah sie bestürzt an und wollte tröstend den Arm um ihre Schulter legen. Aber Christine zog ihre Schulter zurück. „Andreas", schluchzte sie. „Er redet nicht mehr mit mir! Ich habe ihm alles vermasselt!"

Kitty verstand zwar nicht, was sie meinte, aber sie hätte sie gerne in ihre Arme geschlossen. „Dann rede du doch mit ihm!" sagte sie.

„Versuch ich doch! Schon seit Tagen! Aber er reagiert ja nicht darauf!"

Mit einem kleinen Kick stieß Kitty ihre halb offenstehende Wohnungstür auf. „Dann komm erst mal rein!" erwiderte sie. „Wir überlegen uns gemeinsam, was du unternehmen kannst."

Christine schüttelte den Kopf. „Nett von dir, aber ich komm schon selber klar." Kopflos rannte sie die Treppe hinunter.

Kitty sah ihr stirnrunzelnd hinterher. Ein merkwürdiges Mädchen, dachte sie. Aber mit einer wahnsinnigen Power. Sie gefiel ihr immer mehr.

Christine schnappte sich ihr Fahrrad und fuhr zu *Rolfs Pinte*. Erstaunt sah Monika sie vom Tresen her an, als sie eintrat. „Wen suchst du?" fragte Monika. „Dein Bruderherz oder deinen Alten?"

Christine blieb unschlüssig in der Tür stehen. Als sich ihre Augen an das Halbdunkel gewöhnt hatten, stellte sie fest, daß überhaupt niemand da war, den sie kannte.

„Andreas ist in der Fabrik, wenn du ihn suchst!" rief ihr Monika zu.

Christine nickte. Sie war Monika dankbar. Sie ging wieder hinaus und nahm sich ihr Fahrrad. Bis zur Fabrik war es ja nicht weit.

13

„Weißte, was ich meinem Alten auf die Mauer geschrieben habe?" fragte Marc. Andreas sah ihn gespannt an.

„Nutten werden nie arbeitslos!"

„Intelligent!" meinte Andreas. „Das wird deinem Alten ganz schön zusetzen!"

„Das will ich hoffen!" erwiderte Marc.

Als Christine die Halle betrat, richteten sich sofort alle Augen auf sie. Marc, Alex, Mike. Und natürlich ihr Bruder.

„Was willst du denn hier?" fragte Andreas. Er hielt eine Bierflasche in der Hand.

Das waren also seine Kumpels, dachte Christine. Bei denen fühlte er sich wohl. Mit denen soff er sich durch die Nächte. Und sie lag Abend für Abend im Bett und starrte Sternchen an die Decke. Er hatte nicht einmal an ihren Geburtstag gedacht, daß sie gestern vierzehn geworden war. Nur Oma hatte ihr morgens einen Kuß gegeben und ihr ein neues T-Shirt geschenkt. Aber es war auch nicht so wichtig. Viel wichtiger war, daß sie wieder mit ihm zusammenkam.

Sie ging auf die Gruppe zu. Marc, Alex und Mike verfolgten jede Einzelheit ihrer Bewegungen. „Gibt's hier denn nichts zum Saufen?" fragte sie provozierend.

Marc sah Andreas fragend an. Als dieser nickte, ging er rüber zum Umkleideraum und holte aus seinem Spezialkühlschrank eine Dose Bier heraus, die er gleich für Christine öffnete und ihr in die Hand drückte.

„Wie charmant!" bedankte sie sich mit einem ironischen Lächeln. Sie nahm die Dose an den Mund, setzte sie aber sogleich wieder ab und warf ihrem Bruder einen scharfen Blick zu. „Du hast keine Ahnung, warum ich hier bin, stimmt's?"

„So ist es, Tinchen", erwiderte er und trank weiter.

Alle sahen sie erwartungsvoll an.

Christine blickte einem nach dem anderen in die Augen. „Ich will bei euch mitmachen!" sagte sie schließlich bestimmt.

Die vier Jungs sahen sich untereinander erstaunt an.

„Wie hat sie denn das gemeint?" fragte Marc schließlich.

„So, wie ich es gesagt habe!" sagte Christine selbstbewußt und stellte die Bierdose, ohne daran auch nur genippt zu haben, auf den Boden.

„Da brauchen wir aber Bedenkzeit", sagte Alex.

„Schnauze!" fuhr Andreas ihn an.

Alex war still. Andreas überlegte.

„Also 'ne Frau, ich weiß nicht …", fing nun Marc an und verzog das Gesicht. Er sah Andreas fragend an. Aber Andreas wich seinem Blick aus. Er dachte weiter nach. Christine tat ihm plötzlich leid. Vielleicht hatte er sie ja wirklich zu lange hängenlassen …

„Vier starke Männer und Schiß vor 'nem Mädchen?" fragte Christine scharf.

„Verzieh dich mal in die Umkleide", sagte Andreas entschlossen. „Ich entscheide das nicht alleine!"

„Wußte ich noch gar nicht, daß wir hier Demokratie haben!" kommentierte Alex hämisch.

Andreas ermahnte seine Kumpel, mit ihrer Auseinandersetzung aufzuhören, und Christine verzog sich, wenn auch widerwillig, in den Umkleideraum.

Andreas schloß die Tür. Dann ging er auf seine Leute zu. „Und, was ist jetzt Sache, eurer Meinung nach?" fragte er.

Marc, Alex und Mike hatten sich auf das rote Sofa gesetzt und tranken weiter ihr Dosenbier.

Marc schüttelte den Kopf. „'Ne Frau bei uns? Ne! Was kann die denn schon! Was soll uns das bringen?"

„Chauvi!" stieß Alex aus.

„Ich finde, wir sollten ihr 'ne Chance geben", sagte Andreas.

„Und wie soll die aussehen?" fragte Marc zurück. Dazu fiel Andreas auch nichts Konkreteres ein. Sie dachten nach.

„Wie wär's denn mit 'ner kleinen Mutprobe?" rief Alex.

„Genau", sagte Marc, „sie muß zeigen, was sie drauf hat!"

„Und was stellt ihr euch dabei vor?" fragte Andreas.

„Überhaupt nichts", erwiderte Marc. „Ist doch ihr Problem! Soll sie sich doch mal was einfallen lassen!"

„Ist doch ganz einfach!" Christine stand plötzlich wieder im Raum.

Alle Blicke wandten sich ihr zu.

Sie hatte gelauscht und alles mitbekommen. Sie baute sich vor ihnen auf und versetzte der Bierdose, die sie vorhin auf dem Boden abgestellt hatte, einen Tritt mit dem Fuß. Die Dose rollte auf dem großen Boden der Halle weg. Das Bier floß aus.

„Ich tu euch den Gefallen!" sagte sie und steckte die Hände in die Hintertaschen ihrer Jeans.

Andreas sah sie fragend an. „Was denn für 'nen Gefallen? Was meinst du überhaupt?"

Christine sah an ihm vorbei und fixierte die Augen seiner Freunde.

„Dann kommt mal mit. Aber gleich!"

„Spinnst du? Wohin denn?" Andreas starrte sie fassungslos an.

„Wieso? Ihr habt doch gesagt, ihr wollt eine Mutprobe! Wozu wohnen wir denn am Güterbahnhof?" Sie drehte sich um und stürmte davon.

Andreas, Alex und Mike wechselten Blicke. Keiner fand ein Wort.

„Los! Hinterher!" schrie Andreas und rannte ihr nach. Er hatte keine Ahnung, was sie vorhatte, aber so, wie er seine Schwester kannte, war ihr alles zuzutrauen.

14

Wie wild rannte Andreas seiner Schwester hinterher, aber Christine war mit dem Fahrrad schneller. Schließlich gab er die Verfolgungsjagd auf, trieb aber seine Freunde, die ihm hinterhergelaufen waren, dennoch zur Eile an. Was wollte sie denn am Güterbahnhof, fragte er sich. Sie rannten zusammen weiter, aber nicht mehr so schnell, denn zum Güterbahnhof waren es von der Fabrik aus mindestens zwanzig Minuten zu Fuß.

Eine Dunstglocke lag an diesem Abend über Berlin. Das Licht der untergehenden Sonne verbreitete ein merkwürdig gleichmäßiges, graues Licht. Die wenigen Straßenlampen, die es gab, waren schon angeschaltet. Ihr Licht blieb fahl in der Dämmerung stehen und strahlte nicht aus.

„Los, Leute, macht mal!" Andreas blickte sich zu seinen Freunden um, die noch immer zehn Meter hinter ihm herliefen.

„Ich weiß überhaupt nicht, warum wir wie die Idioten durch die Stadt hetzen müssen!" schrie Marc, trabte aber weiter.

„Bloß weil diese Tussi heute abend noch unbedingt ihre Aufnahmeprüfung machen will! Hätte ja auch morgen noch gereicht!" stimmte Alex zu. Sie hatten nun fast zu Andreas aufgeschlossen. Alex ging davon aus, Andreas habe seine Bemerkung nicht gehört, aber er hatte sich getäuscht.

Unvermittelt blieb Andreas stehen und wandte sich abrupt zu Alex um. Wie kam der dazu, Tinchen so zu beleidigen! Am liebsten hätte er ihn geschlagen.

Alex sah, daß Andreas die Wut im Gesicht stand. Er bekam Angst. „Ich nehm's zurück, ehrlich", stammelte er.

Andreas packte seine Haare, ließ sie aber gleich wieder los. Er atmete tief durch, um sich zu beherrschen und sah ihn scharf an. „Und nenn meine Schwester nie wieder Tussi! Ist das klar!?"

„Entschuldigung!" stieß Alex aus.

Marc und Mike waren froh, daß Andreas nicht noch mehr auf Alex losgegangen war.

Sie rannten weiter.

An der Auffahrt zum Güterbahnhof der Nordbahn lag linkerhand ein langgestrecktes Lagerhaus, rechterhand ein aus Backsteinen erbautes Haus, das wie ein Wohnhaus aussah, aber nur Büroräume enthielt. Als die Clique endlich die Gleisanlagen erreichte, brannte dort im Untergeschoß noch Licht, und auch gegenüber, an der Rampe, war noch Betrieb.

Andreas warf einen Blick über das Gelände. Keine Spur von Christine. „Seht ihr irgendwo ihr Fahrrad?" fragte er abgehetzt und ging um den Sattelschlepper herum, der die Auffahrt blokkierte. Marc war ihm gefolgt.

„Irgend jemand muß sie doch gesehen haben", sagte Andreas und kletterte zur Fahrerkabine des Sattelschleppers hoch. Er klopfte an die Tür und pochte an die Scheiben, aber keine Reaktion.

„Versuch's doch mal da drüben", sagte Marc und deutete mit dem Kopf hinüber zur Rampe. „Da arbeiten sie ja noch. Frag doch da mal!"

Andreas klopfte seinem Kumpel auf die Schulter und ging hinüber.

Aus dem Lagerhaus kam jetzt ein Bahnbediensteter mit einer Sackkarre, auf die er einen großen Karton geladen hatte. Andreas rannte die Treppe zur Rampe hoch. Seine Kumpels warteten unten.

Der Arbeiter stellte den großen Karton, den er hinausgefahren hatte, hart am Ende der Rampe ab. „Hallo!" rief Andreas. Als er merkte, daß der Arbeiter nicht auf seinen Zuruf reagierte, folgte er ihm in das Lagerhaus nach. Dort sprach er ihn an und fragte ihn, ob er hier ein Mädchen gesehen habe. Mit einem Fahrrad und mit langen schwarzen Haaren.

Der Mann arbeitete, ohne ihn eines Blickes zu würdigen, stur weiter und stach die Sackkarre unter den nächsten Karton.

Ist der taub? überlegte Andreas. Er heftete sich nun an seine Fersen, nach draußen, wo der Mann den Karton neben dem anderen Karton absetzte.

Hatte er seine Frage wirklich nicht verstanden? Andreas war völlig aufgelöst. Warum gab ihm dieser Mensch keine Auskunft?

„Was ist denn los?" schrie Marc von dem geteerten Weg unterhalb der Rampe zu ihm hoch. „Was machst du denn da so lange?"

Der Arbeiter sah irritiert zu den Jugendlichen hinab, und dann sah er Andreas an und legte seine Stirn in Falten. Er schien nachzudenken. „Mädchen mit lange swarze Haar war nicht da", erwiderte er endlich in gebrochenem Deutsch.

Andreas starrte ihn an. Er konnte also reden. Kopfschüttelnd wandte er sich ab. Er mußte weitersuchen.

„Aber war Junge", sagte der Mann plötzlich. „Ist deine Bruder?"

Andreas schüttelte den Kopf. Also mußte Christine doch irgendwo da sein! Er beherrschte sich nur mühsam. „Und das Fahrrad?" hakte er nach. „Irgendwo muß doch ihr Fahrrad sein!" dachte er laut.

„Ich nix habe Fahrrad gesehen!" sagte der Mann.

„Da hinten!" schrie Marc plötzlich. „Am Tunneleingang! Da!" Er zeigte in die Richtung.

Andreas kniff die Augen zusammen. Bei diesem Licht und der Entfernung konnte er nur schwer wahrnehmen, was Marc meinte, aber dann entdeckte er Christines Fahrrad ebenfalls. Und gleich darauf Christine selbst! Er traute seinen Augen nicht. Sie stand in der Tunnelöffnung und balancierte auf einer Bahnschiene, als sei sie Tänzerin beim Ballett.

Nun hatten auch die anderen Christine entdeckt. „Ist die lebensmüde?" schrie Marc.

„Ne, die spinnt bloß!" erwiderte Andreas wütend.

„Also, wenn sie das unter Mutprobe versteht, hier auf den Gleisen herumzutanzen …", meinte Marc genervt.

Andreas ging nicht auf Marc ein, weil er es nun doch mit der

Angst zu tun bekam und setzte sich in Bewegung. Seine Freunde folgten ihm wieder.

Christine entdeckte sie nun ihrerseits und winkte ihnen schon von weitem zu. Dabei vergaß sie, auf ihre Füße zu achten, und verlor für einen Moment das Gleichgewicht.

„Geh doch von den Schienen runter!" rief Andreas, während er selbst sich mühsam über den Gleiskörper bewegte. „Das ist doch viel zu gefährlich! Was machst du denn da?"

Ein dunkler, dumpfer Ton näherte sich aus der Ferne. Er kam aus dem schwarzen Loch der Tunnelröhre.

„Hau von den Schienen ab!" schrie Andreas ihr zu. „Bist du jetzt völlig durchgeknallt, oder was?" Er bekam Panik. Hörte sie den Zug nicht, oder was? In Sekundenschnelle überflog er die Entfernung zu ihr. Mit äußerster Kraft versuchte er, sich über die großen Steine und Bahnschwellen so schnell wie möglich vorwärts zu bewegen, knickte aber fast bei jedem Schritt ein.

Das ratternde Geräusch des Zuges näherte sich rasch.

„Wenn sie sich wirklich umbringen will, kann ich sie nicht davon abhalten", schoß es ihm durch den Kopf.

Christine bückte sich plötzlich und hielt ihr linkes Ohr auf das kalte Metall des Gleises. Sie spürte die Vibration, die der sich nähernde Zug verursachte.

„Nein!" schrie Andreas und rannte weiter, um sie von ihrem Tun abzuhalten.

Die anderen waren stehengeblieben und sahen entsetzt und hilflos zu, was sich vor ihren Augen abspielte.

Plötzlich ließ sich Christine fallen. Sie legte sich mit dem Rücken zwischen die Gleise und erwartete den Zug. Im Fernsehen hatte sie einmal gesehen, wie eine junge Frau, die von einem Mörder über einen Bahnhof gejagt wurde, ohne daß es irgend jemandem aufgefallen war, sich unter einen fahrenden Zug gelegt hatte, um ihm zu entkommen oder vielleicht auch, um zu sterben. Sie war ganz still liegengeblieben und hatte den Kopf zur Seite gelegt, die Arme eng an den Körper gepreßt und auch die Zehenspitzen nach außen gedreht und an den Boden gedrückt. Und dann die Augen zugemacht. Und als der Zug vorbei war, war sie einfach liegengeblieben. Und der Mörder hatte gedacht, sie sei tot und hatte von ihr abgelassen. Und es war ihr nichts passiert. Genauso wollte sie es nun auch machen.

Da schoß der Zug schon aus der Röhre und raste über Christine hinweg. Da sie unmittelbar vor dem Ausgang des Tunnels lag, hatte der Zugführer sie gar nicht wahrgenommen.

Andreas starrte mit offenem Mund die Waggons an. Wagen für Wagen donnerte über die Stelle weg, an der Christine lag. Es waren die längsten zehn Sekunden seines Lebens!

Kaum war der Zug durchgebraust, rannte er, so schnell er konnte, mit seinen Freunden hinüber. Christine lag noch an derselben Stelle. Gott sei Dank hatte der Zug sie nicht erfaßt und mitgeschleift! Aber warum blieb sie denn liegen und stand nicht auf?

Als sie Christine endlich erreichten, knieten sie sich neben sie. Sie lag da wie tot. Andreas packte sie an ihrer Jeansjacke und rüttelte sie. „Christine!" schrie er, außer sich vor Angst.

Christine schlug die Augen auf und begann, ihn anzugrinsen. „Na, Mutprobe bestanden?" fragte sie.

Andreas ließ von ihr ab. Er war so wütend, daß er sie gar nicht in die Arme nehmen konnte, obwohl er gleichzeitig unsagbar glücklich war, daß sie noch lebte. Er hätte sie schlagen können. Er brachte kein Wort heraus.

Die anderen sahen Christine betreten an.

„Das hätte auch ins Auge gehen können!" meinte Marc schließlich.

Christine rappelte sich auf und blieb sitzen. Jetzt packte Andreas sie entschlossen und zog sie von den Gleisen. „Schluß mit dem Affentheater, Schwesterchen!" schrie er sie an.

„Wolltest du jetzt auf den nächsten Zug warten, oder was?" fragte Alex.

„Da hätte es diesmal aber ratsch gemacht!" Marc machte eine Handbewegung, als wolle er sich den Kopf abschneiden.

Christine befreite sich aus dem Griff von Andreas. „Ihr wolltet doch 'ne Mutprobe", schrie sie plötzlich.

Andreas sah seine Kumpels streng an. „Hört endlich auf mit dem Scheiß!" befahl er.

Marc und Alex verstummten.

„Haste denn überhaupt keinen Schiß gehabt?" fragte Andreas und wandte sich ihr zu.

Christine steckte ihre Hände in die Gesäßtaschen ihrer Jeans und stellte sich in Pose. „Ich hab mir einfach vorstellt, ich wäre im Kino!" erklärte sie.

Andreas schüttelte den Kopf. Wie konnte man bloß so verrückt sein. Dann aber merkte er, wie sich endlich seine Anspannung löste. Er konnte aufatmen. Er ging auf seine Schwester zu und umarmte sie vorsichtig. „Wir reden wieder miteinander, o. k.?" flüsterte er ihr ins Ohr.

Christine nickte und zog ihn heftig an sich.

Andreas schmiegte seine Wange an die ihre.

Sofort wandte Christine ihren Kopf ab und ging wieder auf Abstand. „Du mit deinem Reibeisen", sagte sie.

Nun war er es, der sie wieder an sich zog. Vorsichtig wischte er ihr die schweißverklebten Haare aus dem Gesicht. „Willkommen im Club!"

15

Christine setzte sich zu Monika an die Theke.

„Cola oder Bier?" fragte Monika augenzwinkernd.

„Gar nichts!" erwiderte Christine. „Ich warte nur auf Andreas."

„Wieder Zoff bei euch zu Hause?" hakte Monika nach.

Christine winkte ab. „Bei uns ist doch immer Zoff."

Monika setzte sich ihr gegenüber und stellte Christine 'ne Cola hin. „Zum Beispiel?"

„Der Alte will, daß ich Oma beim Spülen helfe, obwohl ich selber kaum was esse. Und er schlägt sich den Bauch voll und kümmert sich einen Scheiß um den Haushalt! Ich mach das einfach nicht!"

„Typisch", dachte Monika. Das kannte sie auch von zu Hause. Nur hatte sie sich immer den Anweisungen ihres Vaters gefügt. Hätte sie sich geweigert, bei der Hausarbeit mitzuhelfen, hätte er sie so lange geschlagen, bis sie nachgegeben hätte. Wahrscheinlich herrschten einfach andere Verhältnisse bei ihr zu Hause in Polen, dachte sie, ohne es auszusprechen.

„Dann laß es doch", meinte Monika. Sie sah Christine besorgt an. Sie kam ihr plötzlich so blaß vor. „Und warum ißt du so wenig?"

„Wenn ich die Visage vom Alten sehe, kommt mir schon vor dem Essen das Kotzen!" erwiderte Christine.

Sie tut mir leid, dachte Monika. „Aber nun trink mal deine Cola!" forderte sie sie auf.

Christine rückte das Glas von sich weg. „Taschengeldentzug!" erklärte sie. „Ich kann das nicht bezahlen."

„Und wieso?" wollte Monika wissen.

„Und außerdem hab ich doch gar nichts bestellt!"

„Nun laß mal, ist schon in Ordnung!" Monika berührte ihre Hand und nickte ihr freundlich zu.

„Danke!" sagte Christine nun plötzlich. Sie wich Monikas Blick aus, trank die Cola aber nun mit einem Zug leer. Sie stellte das Glas ab und gab ihr nun Antwort auf ihre Frage. „Ohne Ticket U-Bahn gefahren." Sie grinste leicht verlegen. „Weil ich sowieso zu wenig Kohle habe. Und dann haben die dem Alten irgendeinen Wisch geschickt, und dann war der Ofen ganz aus! Kein Fernsehen und keine Kohle! Mich kotzt alles nur noch an. Wo ist Andreas eigentlich?"

Monika sah sie erstaunt an. „Woher soll ich denn das wissen?"

„Na, ihr beide gluckt doch jeden Abend zusammen!"

„Das war mal, Schätzchen!" erwiderte Monika und wandte sich um, um einen Gast zu bedienen.

In Christine arbeitete es. Monika kam wieder zu ihr zurück und stemmte ihre Arme gegen die Theke. Hübsche Sommer-

163

sprossen hat sie an den Händen. Und im Gesicht auch, dachte Christine für einen Augenblick. Sie sah Monika neugierig an. „Ich dachte, ihr seid verknallt", sagte sie schließlich mit einem schelmischen Lächeln.

Monika mußte lachen. „Ich liebe deinen Bruder ja auch!" sagte sie. Den ironischen Unterton hörte Christine nicht heraus. „Aber weißt du, wir sind ein paar Jahre auseinander."

„Spielt das 'ne Rolle?"

„Eigentlich nicht." Monika begann zu flüstern. „Aber ich bin noch ein bißchen mit Rolf zusammen!"

Christine war perplex. „Entweder man liebt jemanden oder nicht, entweder man ist richtig mit jemandem zusammen oder gar nicht!" behauptete sie entschieden. „Ein bißchen schwanger geht ja auch nicht!" Sie sah Monika verständnislos an.

Monika seufzte. „Mußt eben noch ein bißchen was lernen, Kindchen", erwiderte sie, ohne es böse zu meinen und tätschelte ihren Arm. „Außerdem, seitdem er seine Stelle verloren hat, ist er sowieso anders."

Wie anders, wie meinte Monika das, dachte Christine.

Als hätte sie ihre Frage erraten, antwortete Monika: „Er läßt sich hier immer weniger blicken in letzter Zeit."

„Dann geht's dir ja genau so wie mir", erwiderte Christine trocken. „Und ich dachte schon, das sei die große Liebe zwischen euch beiden!" Unruhig blickte sie sich um und wippte nervös mit dem Fuß. Oder war Andreas vielleicht bei den anderen aus ihrer Clique? Aber sie hatten doch für heute abend gar nichts vereinbart! Und zu Hause war er auch nicht! Willkommen im Club, hatte er gesagt, und dann nichts mehr von sich hören lassen!

„Zur Liebe gehören zwei, hab ich dir doch schon mal gesagt!" ergänzte Monika.

In dem Moment flog die Tür auf und Andreas kam herein. Alle Köpfe drehten sich zu ihm. Er hielt seine rechte Hand hoch und winkte. „Hey, Fans!" rief er aus. Dann entdeckte er Christine und setzte sich neben sie an den Tresen. Jetzt erst fiel sein Blick auf Monika. „Hallo, Baby!" Er streckte ihr seine Lippen entgegen.

Monika gab ihm einen knappen Kuß auf den Mund.

Christine klatschte in die Hände. „Na also", rief sie. „Klappt doch wunderbar zwischen euch!"

Aber Monika wischte sich mit der Hand über den Mund und sah Andreas fragend an. „Wieviel Bierchen hast du denn schon?"

Er wich ihrem Blick aus. Statt dessen legte er seinen Arm um die Schulter seiner Schwester. „Na, Tinchen? Haste Monika denn schon was erzählt von deinem Kunststück am Bahnhof?"

Christine tippte sich gegen die Stirn. „Bist du denn jetzt total bescheuert, oder was?" flüsterte sie empört. „Ich würd das gleich der Zeitung melden!"

„Schon wieder Zoff?" fragte Monika und drückte ihre Zigarette aus.

„Haste für mich auch noch eine?" fragte Andreas.

„Im Eingang hängt ein Automat!" erwiderte Monika kühl.

„Bitte!", sagte Andreas nun plötzlich. „Ich hab nur noch eine!"

165

„Seitdem Andreas nicht mehr auf Arbeit ist, zahlt ihm der Alte auch kein Taschengeld mehr", erklärte Christine.

Andreas nickte verlegen.

„Muß er aber!" sagte Monika. „Ist seine Pflicht!"

„Aber nur, solange ich in Ausbildung bin, glaube ich!" erwiderte Andreas.

Monika blickte ihn an. Er sah abgekämpft aus und tat ihr plötzlich wahnsinnig leid. Sie schlang ihre Arme um seinen Hals, und Andreas wußte gar nicht, wie ihm geschah. Sie drückte ihm nun ihrerseits einen Kuß auf die Lippen.

Christine sah dem Schauspiel verstört zu, aber die Gäste am Tresen klatschten Beifall.

Andreas wollte mehr und begann, mit seiner Zunge in ihren Mund einzudringen. Aber da wehrte Monika plötzlich ab und zog sich zurück. „Nicht jetzt!" erklärte sie ihm, da sie ihn nicht verletzen wollte. Sie zog ihre Zigarettenpackung hervor und bot ihm eine an.

„Ich will auch eine!" sagte Christine plötzlich.

„In deinem Alter ist Rauchen noch verboten!" erklärte ihr Monika, blinzelte sie aber mit einem Auge verschwörerisch an.

Andreas nickte bestätigend. „Monika hat recht. Und Gesetz ist Gesetz."

Christine verzog das Gesicht. „Aber wenn mir mein Bruder eine gibt … Du hast doch noch eine!" Dann drückte sie ihm plötzlich einen Kuß auf die Wange, auch wenn sie das Überwindung kostete.

Andreas warf Monika einen fragenden Blick zu, und Monika

166

nickte. „Muß doch jeder mal ausprobieren!" erklärte sie. Endlich kramte Andreas seine angebrochene Packung hervor und bot seiner Schwester widerwillig seine letzte Zigarette an.

Mit spitzen Fingern griff sie die Filterzigarette und steckte sie sich zwischen die Lippen. Monika gab ihr Feuer.

Andreas zerknüllte die leere Schachtel und knallte sie auf den Aschenbecher, obwohl sie gar nicht hineinpaßte.

Vorsichtig begann Christine, an der Zigarette zu ziehen. Monika sah ihr interessiert dabei zu. Aber Andreas blickte plötzlich auf seine Armbanduhr. „Wir müssen gehen", sagte er unvermittelt. „Du hast noch einen Termin!"

Christine mußte plötzlich husten und stieß den Rauch wieder aus.

Monika lachte. „Das gibt sich. Spätestens nach der fünften haste das hinter dir!"

„Da muß ich wohl jetzt durch", sagte Christine und paffte weiter. Sie wandte sich ihrem Bruder zu. „Aber warum sollen wir denn schon gehen? Jetzt, wo es gerade anfängt, gemütlich zu werden?"

Andreas stand auf. „Marc will dich sprechen", sagte er knapp.

Nun löste sich auch Christine von ihrem Barhocker und folgte ihrem Bruder.

„Marc? Wieso Marc?" fragte Christine. „Noch mal 'ne Mutprobe oder was?"

Andreas wich ihrem Blick aus. „So was Ähnliches!" erklärte er ihr.

167

16

Sie sah Marc schon von weitem, als sie die langgezogene Straße entlang auf die Fabrikhalle zuging. Er wartete vor dem Eingang auf sie und rauchte und hielt etwas in der Hand, das Christine auf die Entfernung hin nicht richtig erkennen konnte. Etwas Langgezogenes, einen Ast oder eine Stange.

Die Ränder des Gehwegs waren überall brüchig. Auch auf der Straße zeigten sich Risse im Teer. Selten kam hier noch ein Auto vorbei. An eine Mauer auf der gegenüberliegenden Straßenseite hatte irgend jemand in großen, roten Buchstaben *Fuck you* hingesprayt.

Marc hatte sie nun entdeckt und ging auf sie zu. Christine blieb stehen und wartete, bis er heran war. „Wieso soll ich denn herkommen? Was willste denn eigentlich von mir?" fragte sie ihn. Nun erkannte sie auch, was er in der Hand hielt. Es war eine Brechstange. Sie kannte so ein Teil von den Krimis, die im Fernsehen liefen. Aber leider durfte sie ja nicht mehr fernsehen. Sofort spürte sie die Wut wieder im Bauch.

Marc warf seine Kippe in den Rinnstein. „Komm mit!" forderte er sie auf. „Du bist doch so mutig."

„Was willste denn mit dem Ding da?" fragte sie ihn.

„Geh'n wir erst mal", sagte er und machte eine Kopfbewegung zur gegenüberliegenden Straßenseite hin. Sie überquerten die Straße. „Ich habe den Auftrag, dich in unsere Geheimnisse einzuführen", erklärte er wichtigtuerisch.

Christine sah ihn von der Seite her an. Dann blickte sie sich um. „Und wo sind die anderen?" fragte sie.

„Geheimauftrag, sag ich doch", erwiderte er, wich ihrem Blick aber aus. Auf der anderen Straßenseite gab er die Richtung an. Nach rechts.

„Und was willste mit dem Prügel da? Erklär's mir doch endlich mal!" Christine war hartnäckig.

„Das ist kein Prügel, sondern 'ne Brechstange", belehrte sie Marc.

„Soviel hab ich auch schon gemerkt", sagte Christine trotzig. „Was du damit willst, hab ich gefragt!" Die Wut baute sich immer weiter in ihr auf.

„Wirste gleich sehen!" Er grinste überheblich, ohne sie anzusehen.

Christine hatte genug von seiner Geheimniskrämerei. „Jetzt sag mir endlich, was Sache ist, ja?" schrie sie ihn an. Am liebsten hätte sie ihn geschlagen.

„Gleich zeig ich es dir, Süße!" rief er aus und schwang die Brechstange hoch in die Luft. „Dein Bruderherz ist pleite! Und da haben wir uns eben was einfallen lassen."

169

„Willste 'nen Bruch machen? Und das mitten am Tag?"

„Hier kommt doch sowieso kein Arsch vorbei!" rief er aus. Sie waren an einer Weggabelung angekommen. Nun senkte er die Brechstange und blieb stehen. „Da wären wir!" sagte er und deutete mit der Stange auf einen Zigarettenautomaten.

Christine erschrak. „Spinnst du?" Sie sah sich um. „Da drüben steht doch ein Wohnhaus!"

Marc wandte seinen Blick zur gegenüberliegenden Straßenseite. Von den Wänden des Hauses, das Christine meinte, bröckelte der Putz. An manchen Fenstern hingen die Läden schief. Und vom Dach waren einige Schindeln bedrohlich nahe an die Dachrinne gerutscht. „Glaubste denn im Ernst, da wohnt noch jemand?" fragte er schließlich.

„Aber da sind doch noch Vorhänge an manchen Fenstern!" wandte Christine ein.

„Du hast Schiß, gib es zu! Aber Andreas braucht nun mal 'nen Zuschuß und Zigaretten! Und zwar sofort!"

„Ich und Schiß? Das glaubste ja wohl selbst nicht!" Sie lächelte ihn überlegen an.

„Nehm ich sofort wieder zurück! Die Nummer mit dem Güterzug war schon klasse!"

„Aber was meinst du mit Zuschuß?" drängte sie.

„Weil ich die Zigaretten verkaufen werde", behauptete Marc. „Und außerdem ist ja in dem Ding noch ein bißchen Geld."

„Und das Geld bekommt dann Andreas?" Sie sah ihn verblüfft an.

Marc schüttelte den Kopf. „Quatsch!" stieß er aus, sah aber

170

an ihr vorbei. „Nicht er allein. Wird alles ganz gerecht verteilt bei uns!"

Toll, dachte Christine. So lief das also in der Clique. Dann sorgte Andreas also wirklich für Gerechtigkeit! Jetzt betrachtete sie sich den Automaten genau. In der Mitte stand eine große, braune 3 und dann waren da noch drei braune Sterne. So ähnliche Sterne hatte sie mal auf einer Abbildung der amerikanischen Flagge gesehen, in der Schule bei Frau Kupke.

Auch Marc sah sich den Automaten nun genau an. Vor einigen Wochen hatte er zum ersten Mal einen geknackt.

Alex hatte in der Schule irgendwelche Verbindungen, über die er das Zeug absetzen konnte. Sie hatten sich in der Gruppe darauf geeinigt, jede Packung mit exakt neunzig Pfennig unter Marktwert zu verkaufen, und Alex waren die Zigaretten regelrecht aus den Händen gerissen worden, nachdem es sich herumgesprochen hatte. Sie hatten einen Supergewinn gemacht. Auf Andreas' Anweisung hin hatten sie sich das Geld geteilt, aber irgendwie fand Marc das ungerecht. Schließlich war er es ja gewesen, der das Zeug angeliefert hatte. Sie hätten ihn fragen müssen, ob er ihnen was abgeben würde, und dann hätte er mit ihnen auch geteilt. Aber Andreas hatte die Beute einfach an sich genommen und auf ihrem roten Sofa ausgeschüttet. Endlich mal wieder Stoff, hatte er gesagt und ihm ein wenig auf die Schulter geklopft. Und dann hatte er drei Stapel gebildet. Einen für Alex, einen für sich selbst, und einen für ihn.

Christine stieß ihn an. „Sag mal, träumst du, oder was?"

„Ich kann nur hoffen, daß ich träume", erwiderte Marc und

fuchtelte nervös mit der Brechstange herum. „Ich hab gerade was entdeckt, was uns Schwierigkeiten machen wird. Echt Scheiße!" stieß er aus.

„Andreas hat mir erzählt, du bist Experte im Knacken von Zigarettenautomaten!" Christine knuffte ihn in die Seite.

Marc ignorierte ihre Bemerkung und starrte weiter auf den Kasten. „Ist wohl 'ne neue Methode von denen!" Er machte sie auf die breiten, verschließbaren Bänder aus Stahl aufmerksam, die oben und unten den Zigarettenautomaten sicherten.

„Aber dann leg doch das Ding mal an. Wozu haste das denn dabei?" fragte Christine und deutete auf die Brechstange.

Nun versuchte Marc, die gekrümmte Spitze der Brechstange am oberen Schloß des Zigarettenautomaten anzusetzen. Mehrmals glitt sie ab. Und als er endlich Halt fand, stemmte er mit aller Kraft die Stange gegen das Schloß, aber ohne Erfolg. Sie glitt wieder ab.

Christine konnte das nicht mit ansehen. Sie platzte fast vor Ungeduld und nahm ihm die Brechstange aus der Hand. „Laß mich jetzt mal ran, ja?" sagte sie scharf. In der Mitte des Automaten befand sich ein schmales Fenster, hinter dem in mehreren Reihen die einzelnen Päckchen in Stapeln lagen. Sie schlug mit voller Wucht zu und zertrümmerte mit wenigen Schlägen das Glas. Dann riß sie die weißen Metallbänder auf, mit denen die Zigaretten zusätzlich gesichert waren.

Marc stand mit verbissenem Gesicht daneben und ärgerte sich, daß ein Mädchen schaffte, was er nicht geschafft hatte.

Christine warf die Brechstange auf den Boden und begann,

172

die Packungen herauszufummeln. Marc hielt ihr nun die Plastiktüte hin, die er sich zuvor in seine Hosentasche gestopft hatte. Ein Päckchen nach dem anderen ließ sie hineinfallen. Aber es war nicht einfach, die Packungen hinter den aufgebrochenen Metallbändern hervorzuholen, ohne sich zu verletzen. Deshalb ging es nur langsam voran.

„Mach doch endlich!" trieb Marc sie an. Er sah sich zur Sicherheit um. Aber die Straße blieb still. Kein Mensch war zu sehen. Dann aber blieb sein Blick plötzlich an einem der Fenster des gegenüberliegenden Wohnhauses hängen. Und an dem Gesicht einer grauhaarigen Frau, die sie beobachtete.

„Scheiße!" stieß Marc aus und schloß die Tüte.

„Was ist denn los? Wir sind doch noch gar nicht fertig!" protestierte Christine.

„Wir werden beobachtet. Da hinten, die Alte in dem Haus. Aber dreh dich jetzt bloß nicht um!"

Christine atmete tief durch. „Von wegen unbewohnt!" sagte sie mit unüberhörbarem Sarkasmus in der Stimme. „Ich hab dir doch gleich gesagt, daß das hier zu gefährlich ist."

Marc wollte abhauen. „Los komm! Wir müssen von hier weg!"

„Mach dir nicht gleich ins Hemd!" entgegnete sie. „Und mach endlich die Tüte wieder auf!"

Marc starrte sie entgeistert an.

„Für den Rest!" Christine begann, weitere Packungen aus dem Automaten zu pulen. „Oder meinst du vielleicht, ich hab das Ding hier umsonst geknackt?"

Marc öffnete die Plastiktüte wieder, aber ihm zitterten jetzt die Hände. „Du tickst nicht mehr ganz richtig!" stieß er aus. „Was ist, wenn die Alte da drüben die Polizei geholt hat?"

„Bis die Bullen hier erscheinen, sind wir längst über alle Berge!"

„Du mußt es ja wissen!" Marc konnte es kaum erwarten, bis sie endlich alles leergeräumt hatte.

„Und jetzt noch die Kasse!" beharrte Christine.

„Dann hau ich alleine ab! Ich hab keine Lust, mich schnappen zu lassen!"

„Wenn du auf das Geld verzichten willst ..."

„Der Automat war doch frisch aufgefüllt. Mehr als ein paar Zerquetschte sind da sowieso nicht drin!"

„O.k." Christine gab nach und sondierte rasch das weitere Umfeld. „Da drüben ist doch ein Park. Kennst du den?"

„Quassel doch jetzt nicht lange rum!" rief Marc. „Mensch, wir müssen abhauen!"

„Aber da können wir doch in Ruhe die Beute verteilen. Da sieht uns keiner."

Marc nahm die Tüte und ging los. Er hatte die Nase gestrichen voll. „Wenn wir Glück haben", meinte er.

Der Park war durch eine langgezogene Hecke begrenzt, die in akkurate Blöcken geschnitten war. Die kleinen Blätter waren sehr staubig. „Wie die Haare vom Alten sehen die aus, dachte Christine, bloß mit Staub. Sie zwängten sich durch einen schmalen Eingang. Marc warf noch mal den Blick nach links und nach rechts, was Christine nicht entging. „Du bist aber auch ein Schißhase!" fauchte sie ihn an. „Glaubst du im Ernst, daß in dieser gottverlassenen Gegend die Polizei auftauchen könnte. Speziell für uns, sozusagen?"

„Halt doch die Schnauze!" fuhr Marc sie an. „Ihr Weiber habt doch überhaupt keine Ahnung!"

„Aber du, ja!" Christine riß ihm die Plastiktüte mit den Zigaretten aus der Hand und rannte über einen ungepflegten Kiesweg, der den ordentlich angelegten Rasen des Parks durchschnitt, davon.

Marc verfolgte sie. Er verstand dieses Mädchen einfach nicht. Was hatte sie denn vor?

Christine rannte weiter und entdeckte einen Sandkasten. Dort schüttete sie die Zigarettenschachteln in den Sand.

Marc hatte sie eingeholt und sah ihr kopfschüttelnd zu. Was machte sie da? Was sollte das werden?

Christine kniete sich in den Sand und verteilte die Päckchen auf fünf verschiedene Stapel, die sie auf den flachen Rand aus Holz legte, mit dem der Sandkasten eingefaßt war.

„Willste dir jetzt 'ne Burg bauen?" fragte er irritiert.

„Ich teile!" erwiderte sie, ohne aufzusehen. „Du hast doch vorhin gesagt, ihr teilt immer alles gerecht." Sie tippte mit dem Finger auf die verschiedenen Türmchen. „Andreas, ich, du, Alex und Mike", erklärte sie.

„Aber doch nicht so!" entgegnete er unwirsch. Er kniete sich nun ebenfalls in den Sand und nahm zunächst einen der Stapel an sich. Dann holte er sich von den anderen Stapeln je die oberen drei Päckchen weg und legte sie zu seinen. „Meine Ration fürs Anschaffen!" Er grinste breit.

175

Christine starrte ihn an. „Was soll das denn heißen?"

„Na ja, fürs Anschaffen eben! Schließlich hab ich ja den Automaten ausfindig gemacht und geknackt!"

„Wer hat ihn denn aufgekriegt? Du oder ich?" Sie sah ihn scharf an.

„Du kannst dir doch auch deine Provision nehmen. Hab ich überhaupt nichts dagegen!" erwiderte er mit einem schiefen Lächeln.

„Machst du das immer so?" Christine ließ ihn nicht aus den Augen.

Marc blickte zu Boden und zuckte nur mit den Schultern.

Christine riß ihm die Schulter herum. „Sieh mich an, ich rede mit dir!" schrie sie. „Ist das deine Auffassung von Gerechtigkeit, ja?"

Marc schrie nun zurück. „Einer macht die ganze Arbeit und die anderen kassieren immer bloß ab! Ist das vielleicht gerecht?"

„Und die anderen, bringen die nie was mit, und du kriegst nie was davon ab?" Ihre Stimme nahm einen drohenden Unterton an.

Marc wand sich und wich ihrem Blick wieder aus. „Nicht so viel wie ich jedenfalls!" sagte er, nun wieder leiser.

„Weißt du, was du bist?" Christine rückte näher.

„Bitte, sag Andreas nichts davon, der schlägt mich sonst tot!"

„Mit dir werde ich schon alleine fertig. Obwohl du's verdient hättest." Christine bebte haßerfüllt. „Die eigenen Leute zu hintergehen. Hast du es dir nun überlegt, was du bist?"

Marc ließ resigniert die Schultern sinken.

„Schau mich an!" schrie sie wieder. Plötzlich faßte sie in den Sand und warf ihm eine Handvoll ins Gesicht. Instinktiv schloß er die Augen und wandte das Gesicht ab. „Hör auf!" schrie er. Da schlug ihre Faust zu. Marc hob den Arm und wehrte ihren Schlag ab. Dann faßte er ihre beiden Armgelenke. „Hör auf, Christine, ich bitte dich!" Als sie den Druck auf ihren Handgelenken spürte, ließ ihre Wut ein wenig nach. Sie atmete tief durch und sah an ihm vorbei.

„Scheiße, die Bullen kommen!" stieß sie plötzlich aus.

Marc ließ sie los und fuhr mit dem Kopf herum. Zwei Streifenbeamte mit einem Funkgerät, ein Mann und eine Frau, erschienen am oberen Ende des Parks, wo der Kiesweg endete, blieben stehen und suchten den Park mit Blicken ab. „Siehste, hat die Alte also doch …", flüsterte Marc.

„Schnauze!" zischte Christine. „Wenn wir uns jetzt bewegen, sehen sie uns gleich!" Sie sah sich um. In unmittelbarer Nähe stand ein Gebüsch. „Vielleicht können wir uns dort hinschleichen und erst mal abwarten", schlug sie vor.

„Und die Zigaretten?" fragte Marc.

„Kannste mitnehmen in den Knast, wenn du willst", zischte Christine.

Im selben Moment hatten die Beamten sie entdeckt und rannten los.

„Mann, abhauen!" schrie Christine. Sie rannten auf den unteren Ausgang zu. „Stehenbleiben!" hörten sie die Rufe der Polizei hinter sich.

177

Marc hatte Angst. „Meinste, die schießen?" stieß er aus.

„Auf die Entfernung nicht!"

Als sie wieder auf der Straße waren, blieben sie kurz stehen, um sich zu orientieren. „Wohin denn nun?" fragte Christine.

„Mensch, ich kenn mich doch hier auch nicht aus!" zischte Marc zurück.

Mit einer knappen Kopfbewegung gab Christine die Richtung an, und sie setzten sich wieder in Bewegung. An der nächsten Straßenkreuzung drehten sie sich um. Die Polizisten waren am Ausgang des Parks stehengeblieben und sahen ihnen nach. Die Frau sprach ins Funkgerät.

„Die holen Verstärkung!" stellte Christine entgeistert fest. Sie rannten weiter, an einer langgezogenen Backsteinmauer entlang. An der nächsten Ecke sahen sie einen Polizeiwagen auf sich zukommen. Sie entdeckten einen kleinen Durchbruch in der baufälligen Mauer und zwängten sich hindurch.

Vor ihnen lag eine riesige Abraumhalde, auf der ein gelber Bagger und ein Lastwagen standen. „Zu dem Lastwagen", sagte Christine. „Da muß ja dann wieder ein Ausgang sein. Sie begannen, sich einen Weg durch den Bauschutt zu bahnen und sahen sich immer wieder nach hinten um. Da erschienen die beiden Polizeibeamten wieder an der Mauer und folgten ihnen nach.

Christine bekam Seitenstechen und fiel hinter Marc zurück. „Wo bleibste denn?" schrie er. Christine überlegte kurz. Wahrscheinlich würden die Bullen sie sowieso schnappen. Aber dann sollte wenigstens Marc ihnen entkommen. „Ich mach einen Trick!" schrie sie hinter ihm her. „Renn, so schnell du kannst!"

Marc verstand.

Christine tat so, als würde sie stolpern, ließ sich fallen und blieb auf dem Boden liegen. Die beiden Beamten kamen auf sie zu. Christine rieb sich das linke Schulterblatt und stöhnte. „Ist dir was passiert?" sprach die Polizistin sie an und beugte sich zu ihr hinab.

In den Augenwinkeln sah sie, wie Marc Boden gewann und nun hinter dem gelben Bagger verschwand.

„Ich kümmere mich um den anderen", sagte der Kollege der Polizistin und stolperte weiter über die Abraumhalde. Nach ein paar Metern stieß er sich das Bein an einem der herumliegenden Balken und gab, da er Marc aus den Augen verloren hatte, die Verfolgung auf.

„Danke, mir geht's gut!" sagte Christine und setzte sich auf. Sie freute sich königlich, daß ihr Trick so gut funktioniert hatte.

„Tut dir nichts weh?" fragte die Beamtin besorgt.

„Nur noch ein bißchen", erwiderte Christine und rieb sich die Schulter.

„Dann können wir ja zum Thema kommen", sagte der Polizist. Er war umgekehrt und ging nun neben ihr in die Hocke. „Ihr habt doch den Automaten in der Klever-Straße geknackt. Haste deinen Ausweis dabei?"

„Hab ich nicht", entgegnete Christine trotzig, „und außerdem weiß ich auch nicht, von welchem Automaten Sie sprechen!"

Die beiden Beamten warfen sich einen Blick zu. „Nicht frech werden, ja?" Die Frau zückte nun einen Notizblock. „Wenn du keinen Ausweis hast, mußt du mir deine Personalien so angeben."

Das tat Christine. Dann erklärte sie: „Ich hab im Sandkasten gespielt."

Die beiden Beamten grinsten sich an. „Na, so siehst du auch aus!" sagte der Polizist ironisch.

„Doch ehrlich!" Christine spann ihre Lügengeschichte weiter. „Und dann kam dieser komische Typ mit 'ner Plastiktüte und wollte mir seine Zigaretten andrehen."

„Dann hättest du vor uns ja nicht wegzulaufen brauchen!" Der Polizist versuchte, sie in die Enge zu treiben.

„Ich krieg da automatisch Angst, wenn ich Bullen sehe!"

„Und diese Ausrede sollen wir dir nun abnehmen?" fragte die Beamtin ungeduldig.

„Ja", machte Christine unbeirrt weiter, „ich bin nämlich mal schwarzgefahren in der U-Bahn, und da haben sie mich geschnappt und verhört, und dann hat mein Opa mich deswegen auch noch geschlagen. Und seitdem ist das so!"

„Ich glaube, die ist mit allen Wassern gewaschen!" sagte der Polizist zu seiner Kollegin und rieb sich die Stirn. Die Beamtin sah noch mal auf ihren Block. „Wenn du in der Wolliner Straße wohnst, was machst du dann hier? In dieser Gegend ist doch gar nichts los. Um im Sand zu spielen?"

Karin, schoß es Christine durch den Kopf. Karin wohnte in der Nähe. Aber ihr fiel die Straße nicht ein. „Meine Freundin besuchen", erwiderte sie nun knapp.

„Und wie heißt deine Freundin?" Die Polizistin nahm wieder ihren Kugelschreiber zur Hand.

„Karin!" erwiderte Christine.

„Und weiter?"

„Schneider."

„Und wo wohnt sie?"

„Ich habe den Straßennamen gerade nicht im Kopf. Aber ich könnte Ihnen die Straße zeigen."

„Komm, wir lassen sie", sagte der Polizist plötzlich zu seiner Kollegin. „Wir verschwenden hier nur unsere Zeit! Hauptsache, wir haben ihre Personalien. Falls außer der Frau, die sie gesehen hat, noch jemand anderes eine Aussage machen kann, kommen wir auf die Sache zurück."

Die Beamtin nickte. „Falls die Angaben von der Kleinen überhaupt stimmen …", meinte sie zweifelnd, erhob sich nun aber auch.

„Dann kannst du ja jetzt weiter im Sand spielen", rief sie Christine zu. Sie wandte sich ab und ging mit ihrem Kollegen zu ihrem Wagen zurück.

Christine triumphierte. In dem Moment, als sie sich hatte fallen lassen, war ihr klargeworden, daß sie ihr nichts würden nachweisen können. Und wenn die Alte, die sie beobachtet hatte, noch Theater machen sollte, dann stand Aussage gegen Aussage. Das hatte sie von Andreas gelernt.

17

Scheiß Schule, dachte Christine und stellte ihren Ranzen an ihrem Pult ab. Heute hatten sie wieder eine Mathearbeit, aber Andreas hatte sich geweigert, noch mal für sie einzuspringen. Er habe seine eigenen Sorgen, hatte er gesagt, und außerdem wirklich keine Zeit, und er hatte einen geheimisvollen Ton in seine Aussage gelegt und ihr sogar einen Kuß auf die Wange gedrückt. Mußte sie eben von Karin abschreiben, dachte sie.

Karin hatte zwar mit ihr gelernt und ihr was erklärt, aber richtig begriffen hatte sie es doch nicht. Und wenn sie mal etwas begriffen hatte, hatte sie es am nächsten Tag wieder vergessen. Sie wollte es auch gar nicht wissen. Wie man einen Kreis in verschiedene Teile zerlegt! Wozu sollte das denn überhaupt gut sein? Das interessierte doch keinen Menschen! Wenn Frau Kupke nicht wäre, würde sie überhaupt nicht mehr zur Schule gehen.

Das einzige, worauf sie sich noch freute, waren die Sportstunden, die Frau Kupke gab. Aber heute war kein Sport. Nur dieser Mathescheiß, und dann hatten sie frei. Sie hatte gar nicht mitgekriegt, warum eigentlich. Der Zettel, den sie von der Lehrerin als Elterninformation mitbekommen hatte, war irgendwo in den unergründlichen Tiefen ihres Schulranzens verlorengegangen.

Die Hefte wurden ausgeteilt, und sie blätterte das Heft rasch bis zum Ende der letzten Klassenarbeit durch, bis sie die Note fand, die sie Andreas verdankte. Sie nahm das Heft an den Mund und drückte dem Blatt an der Stelle, wo die Note stand, einen Kuß auf. Karin starrte sie verwundert an, sagte aber nichts.

Als die Aufgaben kamen, überflog sie das Blatt und erschrak. Es kam ihr so vor, als wäre sie nie im Unterricht gewesen, obwohl sie in der letzten Zeit doch ganz selten mal geschwänzt hatte. Mühsam nahm sie sich die erste Aufgabe vor, verstand aber die Fragestellung nicht. Schließlich linste sie zu ihrer Nachbarin hinüber. Sie mußte einfach warten, bis Karin zu schreiben anfing.

Karin hatte sich die erste Aufgabe durchgelesen und schraubte nun ihren Füllhalter auf.

Der Lehrerin, die die Klasse beobachtete, war es nicht entgangen, daß Christine Probleme hatte. Was war mit ihr los? Warum war sie so unkonzentriert? Sie hatte sich doch letztes Mal so verbessert!

„Dreh dein Heft zu mir her, aber ganz vorsichtig, damit die Kupke nichts merkt", flüsterte Christine zu Karin hinüber.

Aber Karin hatte die kritischen Blicke ihrer Lehrerin bereits wahrgenommen. „Wir werden beobachtet! Und außerdem schuldest du mir noch zehn Mark", zischte sie und begann zu schreiben. Sie hielt ihren Arm absichtlich so hoch, daß Christine ihr Heft nicht einsehen konnte.

„Du hast mir doch die ganze Zeit geholfen, warum läßt du mich jetzt hängen?" flüsterte Christine.

„Weil du überhaupt nichts kapierst!" erwiderte Karin.

„Aber wieso denn?" hakte Christine nach.

„Ich hab mir soviel Mühe gegeben, dir den Scheiß beizubringen, und jetzt willst du auch noch von mir abschreiben!"

„Tut mir leid!" erwiderte Christine zerknirscht. Karin hatte ja recht. Wie viele Stunden hatte sie geopfert, um ihr zu helfen. Aber das war noch lange kein Grund, sie im entscheidenden Augenblick hängenzulassen. Mit sanfter Gewalt versuchte sie, Karins Arm zu senken, um wieder freien Blick auf ihr Heft zu bekommen.

Karin warf einen Blick auf die Klassenlehrerin und bemerkte die strenge Aufmerksamkeit, mit der diese ihre Augen über die Klasse schweifen ließ. Sie zog ihren Arm langsam zur Seite. „Außerdem hab ich keinen Bock drauf, mich von der Tussi da vorne anlabern zu lassen, bloß weil du deine Hausaufgaben nicht machst!" zischte sie Christine an. „Und außer KaDeWe fällt dir ja auch nichts Neues ein!"

Christine erschrak und wandte sich ab. Sie hatte immer geglaubt, Karin würde es Spaß machen, gemeinsam mit ihr zu lernen und mit ihr zusammenzusein …

„Was tuschelt ihr denn da, ihr beiden?" Frau Kupke warf ihnen vom Lehrerpult aus einen strengen Blick zu.

Christine gab auf. Resigniert schlug sie ihr Heft zu und ging nach vorne und drückte es ihrer Lehrerin in die Hand.

Frau Kupke sah sie verblüfft an. „Was ist denn los, Christine?" fragte sie besorgt.

„Schon fertig!" Christine grinste sie säuerlich an.

„Aber du hast doch noch gar nicht angefangen!" Sie blätterte das Heft auf und starrte auf die leeren Seiten.

„Meine Nachhilfe hat überhaupt nichts gebracht", behauptete sie, den Blick auf Karin gerichtet. So laut, daß es jeder in der Klasse hören konnte. Sie ging, ohne Karin eines Blickes zu würdigen, zurück zu ihrem Platz und schnappte sich ihren Schulranzen. „Der Rest des Tages ist ja sowieso frei", sagte sie zu Frau Kupke. Dann verschwand sie.

Frau Kupke sprang von ihrem Stuhl hoch. „Christine, warte mal!" rief sie aus. Aber Christine setzte den Schulranzen auf und ging, ohne sich noch einmal umzudrehen, durch die Eingangshalle und dann ins Freie.

Sie fühlte sich ausgepumpt und alleine. Wo sollte sie nun eigentlich hingehen? Oma war Putzen, und der Alte hing wahrscheinlich schon wieder vor der Glotze. Und wenn sie kam, würde er sie nicht in Ruhe lassen, sondern wieder irgend etwas von ihr verlangen, und sie wollte nichts als ihre Ruhe. Aber vielleicht war er ja auch irgendwo unterwegs. In der Fabrik war jetzt noch niemand, und *Rolfs Pinte* machte erst heute abend auf.

Sie trottete mit ihrem Schulranzen nach Hause.

„Hallo, Christine!" rief plötzlich eine helle Stimme hinter ihr, begleitet vom Lärm eines Motorrads. Das konnte nur Kitty sein!

Froh warf sie den Kopf herum. Sie war es!

Kitty stoppte ihre schwere Maschine am Straßenrand, ließ aber den Motor an. „Ist die Schule heute schon so früh aus?"

„Und warum bist du schon fertig? Du hast mir doch gesagt, daß du studierst? Hat man denn da morgens keinen Unterricht?"

Kitty gefiel Christine immer mehr. Sie klopfte auffordernd auf den Rücksitz.

„Mit Schulranzen?" fragte Christine.

„Wieso denn nicht?"

Christine stieg auf und schlang wieder ihre Arme um Kitty. „Die Vorlesungen an der Uni verteilen sich über die ganze Woche", erklärte Kitty und ließ nun den Motor aufbrausen. „Das ist anders als bei euch in der Schule!" Sie warf einen Blick nach hinten, um sich davon zu überzeugen, daß Christine sicher saß, dann fuhr sie los.

Diesmal folgte Christine ihrer Einladung, mit in ihre Wohnung zu kommen. Als sie das Wohnzimmer betrat, sah sie sich interessiert um. Es sah völlig anders aus als das Wohnzimmer ihrer Großeltern. Eine ganze Wand entlang standen Obstkisten, die in verschiedenen Farben angemalt waren, und in allen Obstkisten standen Bücher.

„Brauchst du die alle?" fragte Christine

„Nicht alle auf einmal", erwiderte Kitty und schüttelte den Kopf.

„Für dein Studium, meine ich."

Kitty sah Christine liebevoll an. „Für mein Studium brauche ich nur ganz wenige!"

„Aber warum hast du dann so viele Bücher?" Christine war irritiert. Auf dem Nachttisch ihrer Oma standen vier, fünf Bücher, und der Alte las überhaupt nicht, jedenfalls keine Bücher.

„Ich liebe Bücher", antwortete Kitty. Sie streckte beide Arme aus und drehte sich im Kreis. Christine sah ihr verwundert zu.

„Und die hast du alle gelesen?"

Kitty blieb stehen und schüttelte den Kopf. „Wenn ich ein Buch sehe, das mich interessiert, kaufe ich es mir und dann lese ich es entweder gleich oder irgendwann später oder vielleicht auch überhaupt nicht."

„Das kannst du dir leisten?" Christine kam aus dem Staunen nicht mehr heraus.

„Wieso, ich arbeite doch. Und außerdem sind die Mieten hier doch günstig im Wedding. Deshalb bin ich doch hierhergezogen!"

„Ach so", sagte Christine. Sie verstand das nicht. Der Alte beschwerte sich fast jeden Tag darüber, wie teuer die Miete ihrer Wohnung sei und daß sie sich deswegen kaum etwas leisten könnten.

„Und woher hast du das Klavier?" fragte Christine. Gegenüber dem Bücherregal stand es. Ein schwarzes Klavier. So etwas hatte Christine noch nie gesehen.

„Von meiner Oma geerbt."

„War das auch eine Engländerin?" fragte Christine.

Kitty sah sie erstaunt an. „Du hast schon bei unserer ersten Begegnung gemeint, daß ich Engländerin sei. Ich bin aber Amerikanerin!" stellte Kitty klar.

„O.k. Tut mir leid wegen der Verwechslung. Aber wie kommt dann das Klavier von deiner Oma hierher? Einfach über den Ozean geschippert, oder was?"

„Ne, mit dem Flugzeug", erklärte Kitty. Christines Kindlichkeit berührte sie tief.

„Dann mußt du ja 'ne Menge Kohle haben!" meinte Christine nun.

„Alles von Oma gesponsert!"

Christine ließ einen bewundernden Pfiff durch ihre Lippen los und fiel im nächsten Moment auf einen antiken, lederbezogenen Sessel. „Und was ist das für ein Teil? Auch extra eingeflogen aus Amerika?"

Kitty schüttelte den Kopf und legte gerührt den Arm um Christines Schulter.

„Nein, den hab ich von einem Antiquitätengeschäft am Kudamm!"

Christine war fassungslos. Es war alles so fremd.

Kitty nahm ihren Arm von ihr weg. „Willst du was trinken?" fragte sie.

„Hast du ein kaltes Bier?" Christine mochte zwar kein Bier, aber sie wollte mal sehen, wie diese Frau, die sich alles leisten konnte, nun reagieren würde.

Kitty ging zum Kühlschrank, zog die Lasche einer Bierdose auf und drückte sie Christine in die Hand.

Christine sah Kitty perplex an. Eine Frau, die Bier im Kühlschrank hatte! Sie tat so, als würde sie daran nippen, stellte die Dose dann aber auf dem schwarzen Klavierdeckel ab.

„Was ist denn?" fragte Kitty.

„Nichts. Aber ich muß jetzt gehen!" Plötzlich war ihr alles zuviel, obwohl sie sich zu Kitty hingezogen fühlte. Kittys Wohnung war für sie ein fremdes, neues, reizvolles Land, das ihr aber gleichzeitig Angst machte. Sie wollte wieder vertrauten Boden finden, auch wenn der nicht mehr Sicherheit versprach …

Sie ging in den Flur, und Kitty folgte ihr. Christine schnappte sich ihren Schulranzen, den sie neben der Tür abgesetzt hatte. „Ist irgendwas? Habe ich dich verletzt?" Kitty war konsterniert.

Christine öffnete die Tür, wandte sich aber noch einmal zu Kitty um. „Es ist nichts. Wirklich nichts. Ich muß jetzt geh'n."

Kitty nickte hilflos. Christine merkte, daß sie ihren plötzlichen Aufbruch nicht nachvollziehen konnte. Sie lächelte Kitty an.

Kitty lächelte zurück, war aber noch immer befangen.

Christine wandte sie sich ab und zog die Tür hinter sich zu.

18

In den nächsten Monaten machte sich Christine immer mehr Sorgen um Andreas. Er kam erst spät abends nach Hause. Und manchmal kam er auch die ganze Nacht über nicht heim. Ob er dann bei Monika schlief?

Sie hatte schon versucht, aus ihr etwas rauszubekommen, und Monika hatte auch gewisse Andeutungen gemacht. Was für ausgeprägte Schultern Andreas hätte, zum Beispiel. Aber mehr hatte sie nicht herausgerückt.

Oft ging Christine ihn suchen, fand ihn aber weder in der Fabrik noch in der Pinte, und keiner konnte ihr sagen, wo er sich eigentlich herumtrieb. Und sie hätte ihm doch so gerne erzählt, wie die Sache mit Marc ausgegangen war, daß die Bullen ihn nicht erwischt hatten und er mit Erstaunen feststellen mußte, daß sie nicht im Knast gelandet war.

Eines Abends, als sie von einem langen Nachmittag nach Hause kam, an dem sie gelangweilt durch die Straßen des Viertels gezogen war, zog sich ein angenehmer Duft von Bratkartoffeln durchs Treppenhaus.

Die Großeltern waren zum Geburtstag von Omas Schwester nach Charlottenburg gefahren, und Oma hatte gesagt, daß es bestimmt spät werden würde, bis sie zurückkämen, und sie würde ihr fürs Abendessen etwas in den Kühlschrank stellen.

Als Christine hochkam, schnupperte sie erst mal an der Wohnungstür. Tatsächlich. Der Essensgeruch kam aus ihrer Wohnung. Sie schloß auf und sah in die Küche. Was ist denn jetzt los, dachte sie. Andreas stand am Herd und begrüßte sie mit einem knappen Kopfnicken, lächelte aber dabei. Und am Tisch saß Marc.

Christine trat näher. „Was machst du denn da?" fragte sie erstaunt.

„Siehst du doch, was ich mache! Nimm dir 'nen Teller und setz dich zu Marc an den Tisch. Gut, wenn ich noch 'nen zweiten Testesser habe!"

Christine warf einen Blick in die Pfanne. Dann begrüßte sie Marc. „Wieso Testesser?" fragte sie.

„Ich hab 'ne neue Stelle."

Christine nahm sich einen Teller und holte Besteck. Sie kam aus dem Staunen nicht mehr heraus. Sie hatte die ganze Zeit Sorge gehabt, er sei irgendwo versumpft, und nun erklärte er ihr nebenbei, er habe eine Stelle. „Ja, wo denn?" fragte sie.

„In 'ner Kneipe, ist doch klar, ich mach die Küche!" erwiderte er und schnitt Speckwürfel zu den Kartoffeln.

„Und wieso sagst du mir kein Wort davon?"

„Ich wollte es einfach mal ausprobieren. Bloß so. Und du hättest mich ja bestimmt ausgelacht!"

„Stimmt nicht!" protestierte Christine und setzte sich an den Tisch. „Es riecht doch schon ganz toll!" Sie überlegte. „Heißt die Kneipe zufällig *Rolfs Pinte*?"

„Wie kommste denn auf diese Schnapsidee? Monika kocht zwar ganz gut, aber die macht dort doch nur Kneipendienst!"

Oma hatte mal gesagt, alle Polinnen seien gute Köchinnen, fiel Christine ein.

„Aber sie hat mich auf die Idee gebracht, es selber mal mit Kochen zu versuchen", fügte er hinzu.

„Liebe geht durch den Magen!" murmelte Christine.

„Eifersüchtig?" fragte Marc. „Auf Monika?"

Christine reagierte nicht auf ihn.

„Hat Marc dir eigentlich schon erzählt, wie wir die Bullen ausgetrickst haben?" fragte Christine.

„Wollte dir eigentlich schon lange dazu gratulieren", erwiderte Andreas. Christine lief sein Lob runter wie Öl. Sie ließ sich aber nichts anmerken.

Andreas schmeckte die Kartoffeln ab, gab noch etwas Salz und getrocknetes Majorangewürz dazu und drehte alles noch einmal mit dem Pfannenschieber um. „Fertig!" rief er schließlich. „Reicht mal eure Teller her!" Er schob Christine und Marc riesige Portionen auf die Teller und behielt für sich nur eine kleine Portion.

Christine warf ihm einen fragenden Blick zu. „Jetzt fangt schon an, sonst wird es kalt", rief Andreas. „Schließlich seid ihr die Testesser. Außerdem dürfen Köche nicht soviel essen, sonst werden sie ganz schnell fett!"

Christine lachte. „Du und fett! Bei deinem Körperbau!"
Dann machte sie sich über die Bratkartoffeln her. Sie schmeck-
ten hervorragend. Auch Marc fand sie gut. „Fast so gut wie die
von Oma!" lobte Christine.

Andreas verzog das Gesicht.

Christine merkte es sofort. „Biste jetzt beleidigt, oder was?"

„Ne", erwiderte er. Er hatte auf ein Stückchen Speck gebis-
sen, das sich im Mund ganz weich anfühlte, und bei Oma war
der Speck immer kroß gebraten. „Ich glaub, ich hab 'ne Klei-
nigkeit falsch gemacht", sagte er.

Christine und Marc ließen ihre Gabeln sinken und sahen ihn
verständnislos an. Andreas schlug sich mit der flachen Hand
gegen die Stirn. „Ich hätte erst den Speck anbraten müssen und
dann die Kartoffeln!"

„Schmeckt trotzdem gut!" tröstete ihn Christine.

Sie aßen weiter. „Aber euren Coup sollte man ja wirklich
feiern", sagte Andreas schließlich. „So, wie ihr die Bullen reingelegt habt!"

„Dein Schwesterherz hat sie reingelegt", korrigierte
Marc fairerweise. „Aber insgesamt ist bei der Aktion eben
nichts rausgekommen, weil wir die Beute zurücklassen mußten."

„Vielleicht liegen die Kippen ja noch immer im Sandkasten",
warf Andreas ein.

Christine schüttelte den Kopf. „Die haben die doch bestimmt eingesammelt."

„Konfisziert!" verbesserte Andreas sie. Christine hakte nach und bat ihn, den Begriff noch einmal genau zu wiederholen. Sie hatte schon so viel von ihm gelernt.

„Kannste auch ganz einfach beschlagnahmt sagen", fuhr Marc dazwischen. „Aber konferiert klingt irgendwie besser!" sagte Christine.

Marc wollte sie korrigieren, aber Andreas warf ihm einen scharfen Blick zu, und er schwieg.

„Außerdem: Bald gibt's ja was ganz anderes zu feiern!" sagte Christine plötzlich.

„Was denn?" fragte Marc und sah sie gespannt an.

Andreas lächelte etwas verlegen. Christine knuffte seinen Arm. „Mein kleiner Bruder wird volljährig! Kannste dir das vorstellen?"

„Und, was habe ich davon?" fragte Andreas.

Marc überlegte kurz. „Du kannst jederzeit ohne Begleitung deiner Eltern, beziehungsweise Großeltern aus Berlin ausreisen, zum Beispiel."

Christine erschrak. „Hast du denn was vor?" Sie sah Andreas mit großen Augen an.

Andreas winkte ab. „Reg dich mal nicht auf!" sagte er. „Zum Ausreisen braucht man ja, auch wenn man 18 ist, 'nen gültigen Paß."

„Kannste den nicht jetzt schon beantragen?" fragte Marc.

„Wieso denn? Brauch ich doch gar nicht. Ich hab doch jetzt 'ne neue Stelle!" wehrte Andreas ab.

„Sonst haste keine Vorteile?" Christine sah ihren Bruder kritisch an.

„Aber klar doch", erwiderte Andreas. „Wenn sie mich beim Automatenknacken erwischen, kriege ich keine Jugendstrafe mehr. Dann falle ich unters Erwachsenengesetz."

„Ich denke, Marc knackt bei euch immer die Automaten!"

„War ja auch nur ein Beispiel!" sagte Andreas. „Übrigens, ich hab dir was mitgebracht. „ Mit einer Kopfbewegung verwies er auf ein zusammengerolltes Poster, das auf dem Kühlschrank lag. War ein Sonderangebot!"

Christine schoß von ihrem Stuhl auf und faltete das Plakat auseinander. „Mensch, toll!" rief sie aus. „Die Mamas und die Papas!"

„Das ist doch 'ne englische Gruppe!" verbesserte Marc sie.

Andreas winkte ab. „Kannste dir übers Bett hängen!"

Christine flog ihrem Bruder um den Hals. The Mamas and the Papas war eine ihrer absoluten Lieblingsbands! Es freute sie wahnsinnig, daß er an sie gedacht hatte. Und für seinen Geburtstag würde sie sich etwas ganz Besonderes ausdenken!

19

Der kleine Drogeriemarkt neben der Schule bot auch Schreibwaren und Süßigkeiten an, Bonbons, Gummibärchen und im Sommer sogar Eis. Hier deckten sich die Schulkinder nach der Schule immer ein. Manchmal gab es auch Sonderangebote von Spielwaren.

In der großen Pause hörte sie Karin zu Pit sagen, im Drogeriemarkt gebe es einen großen Korb mit vielen kleinen Kuscheltieren. Und spottbillig. Die ganzen letzten Tage schon hatte sie sich den Kopf zerbrochen, was sie Andreas zu seinem 18. Geburtstag schenken könnte, war aber auf nichts gekommen. Es sollte was ganz Spezielles sein, was er noch nicht hatte, und worüber er sich ganz bestimmt freuen würde. Irgend etwas, was ihm Glück bringen sollte. Aber sie hatte ja sowieso kein Geld, außer dem Sparbuch, das Oma mal für sie angelegt hatte. Aber sie hatte davon noch nie was abheben dürfen, und sie wußte auch nicht, wieviel Geld drauf war. Sie hätte Karin gerne gefragt, was die Kuscheltiere denn kosten würden, aber sie ließ es bleiben. Sie hatte keine Lust, mit dieser dummen Kuh zu reden. Schließlich war sie schuld an der glatten Sechs, die sie damals gekriegt hatte.

Sie konnte es kaum erwarten, bis nach der letzten Stunde endlich die Schulglocke läutete. Als es soweit war, wollte sie sofort losrennen, aber Frau Kupke hielt sie auf. „Ich will mit dir reden, über das leere Heft, das du mir abgegeben hast neulich."

Sie gingen in den kleinen Raum neben dem Klassenzimmer, in dem sich der Projektor befand und die große, aufgerollte Landkarte.

„Hab jetzt aber gerade überhaupt keine Zeit", erwiderte Christine und trat nervös von einem Bein auf das andere.

„Es würde mich aber schon interessieren, wie das möglich ist, daß du in der vorangegangenen Arbeit so gut warst und dann völlig absackst."

„Kann ich Ihnen jetzt auch nicht so einfach erklären", erwiderte Christine und wich dabei dem Blick der Lehrerin aus.

„Wenn du es mir nicht erklären kannst, dann muß ich wohl mal mit deinen Eltern reden!" überlegte Frau Kupke.

„Großeltern!" korrigierte Christine sie unwirsch.

„Entschuldige, natürlich, weiß ich doch!" erwiderte Frau Kupke nachsichtig.

Dennoch behielt Christine ihr verbissenes Gesicht bei. „Eltern hab ich nämlich gar keine gehabt!" fauchte sie die Lehrerin an.

Frau Kupke sah für einen Moment betreten zu Boden. Dann blickte sie Christine wieder ernst an. „Weißt du, ich mache mir Sorgen um dich. Deine Leistungen in den anderen Fächern sind ja auch nicht gerade rosig. Und wenn du nicht mit mir reden willst, bleibt mir nichts anderes übrig, als mit deinen Großeltern einen Termin für meine Sprechstunde zu vereinbaren."

Christine mochte Frau Kupke, aber sie konnte nicht verstehen, warum sie allem immer so nachging und die Dinge nicht einfach so lassen konnte, wie sie waren. Aber Lehrer sind eben mal so, dachte sie für sich. „Wenn Sie mich unbedingt verpetzen wollen, dann tun Sie eben, was Sie nicht lassen können!" erwiderte Christine schließlich. „Mein Alter kommt sowieso nicht!" Damit ließ sie die Lehrerin stehen und rannte los.

Im Drogeriemarkt angekommen, überflog sie vom Eingang her rasch das Sortiment. Sie hatte sich hier schon lange nichts mehr kaufen können. Der Korb mit den Kuscheltieren stand in der Nähe der Kasse.

Waren die süß, fand sie. Sofort nahm sie ein Tier nach dem anderen in die Hände. Da gab es kleine, rosarote Bärchen aus Plüsch, weiße Hunde mit weichem Fell, braune Hasen und auch kleine, getigerte Katzen. Und alle hatten entweder ein Halsband um mit einem Glöckchen oder Handschuhe oder etwas anderes.

Und dann fiel ihr Blick auf den Elch. Er hatte einen Schal um den Hals mit fast denselben Karos wie bei Andreas' Lieblingshemd, ein schönes, schwarzbraunes Fell und Glasaugen, die ganz echt aussahen. Genau das wär's, dachte sie. Sie erinnerte sich an eine uralte Geschichte, die er ihr vor Jahren mal vor dem Einschlafen erzählt hatte, von der unendlichen Weite der finnischen Tundra, auf denen Rentierherden lebten, und den riesigen Wäldern, die von Elchen bewohnt wurden. Sie hatte nicht gewußt, wie Elche aussehen, und dann war Andreas extra noch mal aufgestanden und hatte ihr in seinem Bilderlexikon, das er irgend wann mal von Omas Schwester geschenkt bekommen hatte, einen gezeigt. Seitdem wußte sie, was Elche sind.

Sie betrachtete und bewunderte das Tier von allen Seiten. „Was soll denn das kosten?" rief sie der Frau an der Kasse zu.

„Kannste nicht lesen?" rief die Kassiererin, ohne sich zu ihr umzudrehen. „Hängt doch ein großes Schild an dem Korb! Neunzehn Mark achtzig!" Die Leute an der Kasse amüsierten sich über Christine. „Dumme Ziege!" zischte Christine ärgerlich vor sich hin.

Sie mußte unbedingt Oma dazu kriegen, ihr das Geld zu leihen! Aber selbst wenn sie ihr das Geld lieh, war der Elch vielleicht weg, bis sie wieder zurückkam. Sie wühlte in dem Korb und entdeckte noch einen weiteren Elch. Einen Moment lang dachte sie, sie könnte versuchen, ihn zu klauen, aber wenn es schiefging, hätte sie überhaupt kein Geschenk für Andreas. Das war zu riskant! Entschlossen stopfte sie beide Tiere so tief wie möglich in den Kuscheltierberg hinein, damit niemand anderer sie finden konnte.

So schnell sie konnte, radelte sie nach Hause. Als sie die Wohnungstür betrat, hörte sie, daß der Alte und Oma sich stritten. Die Wohnzimmertür war nur angelehnt. Sie schlich in den Flur hinein und lauschte.

„Was hat denn die Göre wieder angestellt?" rief der Alte ärgerlich. „Hat die Kupke das nicht gesagt?" Offenbar hatte er eine Stinkwut.

„Sie hat nur gesagt, es ginge um die Leistungen von Christine."

„Das hat sie schon oft gesagt! Wie oft bist du nicht schon in die Schule gerufen worden. Bei Andreas war es ja dasselbe Theater!"

„Frau Kupke hat ausdrücklich darum gebeten, daß wir beide kommen. Und du hast doch selbst gesagt, du willst die Erziehung von Christine in die Hand nehmen! Hast du das etwa wieder vergessen?" warf sie ihm vor.

Christine hörte ihn aufgeregt durchatmen. „Aber nicht so, daß ich auch noch für den Mist geradestehen soll, den sie dauernd anstellt. Außerdem ist es ein Problem der Schule, wenn sie nicht mit ihr klarkommen. Die haben doch schließlich die Aufgabe, den Kindern was beizubringen! Die sind doch die Pädagogen!" Er steigerte sich in seine Schimpftirade regelrecht hinein.

Es entstand eine kurze Pause. Dann hörte Christine ihre Großmutter mit leiser, weinerlicher Stimme sagen: „Und was willst du Andreas zum Geburtstag schenken? Hast du dir da schon mal Gedanken gemacht? Vielleicht können wir ja auch gemeinsam …"

Er unterbrach sie harsch. „Der bekommt von mir 'ne Tracht Prügel, sonst gar nichts!" rief der Alte aus. „So, wie der sich die ganzen letzten Jahre mir gegenüber aufgeführt hat, hat der gar nichts anderes verdient!"

„Aber das kannst du doch nicht machen!" sagte die Großmutter, und ihre Stimme begann zu zittern. „Er ist doch auch dein Kind!"

Der Alte lachte hämisch auf. „Kind? Erstens ist er nicht mein Kind, und zweitens wird er volljährig und da soll er mal zusehen, daß er sich bald mal 'ne Bude nimmt und was Richtiges leistet!"

„Du hast mit ihm ja nicht mal drüber gesprochen, warum er eigentlich seine Lehrstelle in der Autowerkstatt verloren hat!" widersprach ihm Oma.

„Mit ihm reden? Und was soll das bringen? Der macht doch sowieso, was er will. Siehste doch! Der liegt meistens bis zwölf mittags im Bett, und dann haut er ab, ohne sich zu verabschieden, und nachts kommt er irgendwann zurück oder auch gar nicht! Und da fragst du mich noch nach Geburtstagsgeschenken!"

Christine hörte, wie er sich der Tür näherte. Rasch versteckte sie sich im Klo gegenüber. Der Alte stapfte durch den Flur. Dann hörte Christine die Tür knallen. Er war fort.

Oma saß weinend im Wohnzimmer. Als Christine eintrat, sah sie mit tränenverschwommenem Blick zur ihr auf. Christine kniete sich auf den Boden neben dem Sessel, auf dem sie saß, und berührte tröstend ihren Arm. „Ich hab gar nicht gewußt, daß du da bist", sagte ihre Oma. „Bin auch gerade erst gekommen", erwiderte Christine. „Warum weinst du?"

„Wegen Opa, aber das ist jetzt egal." Sie erhob sich. „Ich muß Mittagessen machen, Kind! Andreas hat gesagt, er kommt heute mittag nach Hause. Morgen ist doch sein Geburtstag."

„Wegen mir brauchst du nichts zu machen, ich kann jetzt sowieso nichts essen", erwiderte Christine. „Aber ich will dich um was bitten. Und bitte sag nicht nein!" Christine hatte Angst, die Großmutter könnte ihr das Geld verweigern, gerade weil sie so schlecht drauf war.

„Ich hab doch Taschengeldverbot, also konnte ich auch nicht sparen", erklärte sie.

„Du willst ihm ein Geschenk kaufen? Gerade darüber wollte ich nämlich noch mit dir sprechen. Was hast du dir denn gedacht?"

„Einen Talisman!" erwiderte Christine geheimnisvoll.

„Und was?"

„Laß dich überraschen", sagte Christine.

Ihre Großmutter dachte einen Moment nach. Dann nickte sie. „Nun komm mal mit!" forderte sie Christine auf und führte sie ins Schlafzimmer. Sie öffnete den Schrank und zog zwischen ihren Blusen, die ordentlich zusammengelegt im Regal lagen, ein rotes Sparbuch heraus. „Das ist eine Ausnahme", sagte sie und drückte es Christine in die Hand.

Christine strahlte sie an.

„Du kannst dir was abheben, aber nicht mehr als dreißig Mark!"

Christine war ihr so dankbar. Sie fiel ihr um den Hals. „Mehr als neunzehn Mark achtzig brauch ich gar nicht! Danke!"

Überglücklich machte sie sich auf.

20

„Komm mal mit, ich zeig dir was!" sagte Frau Krossmann und lockte Christine ins Schlafzimmer. Christine folgte ihr neugierig. Ihre Oma öffnete ihre kleine Schatulle, in der sie ihren spärlichen Schmuck aufbewahrte. Eine Halskette mit weißen Perlen, die sie von ihrer eigenen Mutter geerbt hatte und einen Ring, den ihr Mann ihr vor Jahren einmal geschenkt hatte, den sie aber nie trug. Aus diesem Kästchen holte sie nun eine kleine, flache, weiße Schachtel hervor, die sie Christine unter die Augen hielt. Sie nahm den Deckel ab.

„Für Andreas! Das ist mein Geschenk!" Ihre Großmutter strahlte sie erwartungsvoll an.

Christine nahm die silberne Halskette mit den großen Gliedern staunend heraus und musterte sie eingehend. „Ist die echt?" fragte sie.

Oma nickte. „Echt Silber. Hab ich drauf gespart. Von meinem Putzgeld."

An der Kette befand sich ein kleiner Anhänger, ebenfalls aus Silber. Er hatte die Form eines Segelschiffes. „Das ist besonders hübsch!" gab Christine zu verstehen. „Na ja, er schwärmt ja immer von der großen weiten Welt …"

„Eben!" erwiderte die Großmutter und nahm Christine die Kette wieder aus der Hand. „Wo hast du denn dein Geschenk?"

„Schon verpackt, liegt in unserem Zimmer."

„Wir sollten Andreas einen hübschen Geburtstagstisch im Wohnzimmer machen und beide unsere Geschenke draufle-gen!" schlug die Großmutter vor. „Außerdem habe ich noch ei-nen Blumenstrauß besorgt."

„Geht doch nicht!" entgegnete Christine. „Opa pennt doch auf der Couch!"

„Ach, stimmt ja!" fiel Frau Krossmann wieder ein. „Dann machen wir das eben in eurem Zimmer. Auf deinem Hausauf-gabentisch. Geht ja auch. Und ich lege mein Päckchen dazu, und dazwischen stellen wir die Vase mit den Blumen!"

„Tolle Idee!" rief Christine. „Da wird Andreas sich freuen! Und was ist mit Opas Geschenk?"

Frau Krossmann sah ihre Enkeltochter betreten an. „Ich weiß nicht, ob er was hat. Mit hat er jedenfalls nichts davon erzählt!"

„Wie bitte?" Christine sah sie fassungslos an. „Er will ihm tatsächlich nichts schenken?"

Frau Krossmann stand hilflos neben Christine und wußte nicht, was sie ihr antworten sollte. Im selben Moment hörten sie, daß die Wohnungstür aufgeschlossen wurde. Christine rannte auf den Flur. Heute morgen hatte sie ihn schlafen lassen. Sie hatten sich heute noch nicht gesehen. „Andreas!" rief sie und fiel ihm um den Hals. „Happy Birthday!"

„Grüß dich, Tinchen!" erwiderte er ihre Begrüßung erfreut.

„Wir haben was für dich. Aber es ist noch nicht ganz fertig!" Sie schob ihn in die Küche. „Wo hast du denn die Blumen?" fragte Christine ihre Großmutter. „Ich hol sie gleich", erwiderte ihre Oma und ging ins Bad, wo sie den Blumenstrauß im Waschbecken abgelegt hatte.

Es klingelte. „Wer mag denn das sein?" rief die Großmutter vom Bad aus.

„Irgend jemand mit 'nem neuen Blumenstrauß wahrscheinlich!" rief Christine aus und ging zur Wohnungstür. Sie freute sich so, mit Andreas zu feiern. Sicher war es einer aus ihrer Clique, und heute abend würden sie dann noch einen draufmachen!

Sie öffnete die Tür und sah sich zwei Polizeibeamten gegenüber.

Scheiße, fuhr es Christine durch den Kopf. Jetzt war sie also doch noch dran wegen des Zigarettenautomaten.

„Ist jemand von deinen Eltern da?" fragte einer der Beamten.

Christine drehte den Kopf nach hinten in den Flur und rief nach ihrer Oma.

Sie kam, mit dem Blumenstrauß in der Hand, nach vorn und sah die Beamten bestürzt an.

„Frau Krossmann?" fragte der Beamte und zeigte seinen Dienstausweis.

Christine sah, wie ihre Großmutter nickte, und überlegte, ob sie einfach die Flucht ergreifen sollte, sah aber keine Chance durchzukommen, denn die beiden Polizisten ver-

205

sperrten breitbeinig die Tür. Sie wußte nicht, was sie machen sollte.

„Gehört das Moped da unten im Eingang Ihrem Sohn?"

„Ja, wahrscheinlich, es gibt ja eigentlich nur ein Moped hier in unserem Block", erwiderte Frau Krossmann.

Christine verstand überhaupt nichts. Was war denn passiert? Andreas war doch gerade erst gekommen. Hatte er jemanden angefahren, oder was?

„Ja, und ist er da?" fragte der andere Beamte nun ungeduldig nach.

Frau Krossmann nickte. Sie öffnete die Küchentür. „Da sind zwei Herren von der Polizei, die wollen dich sprechen!"

Andreas biß sich auf die Lippen. Er würde alles ableugnen, nahm er sich vor. Wie kamen sie überhaupt auf ihn? Er hatte an der Tankstelle den Mix in seinen Tank gefüllt, und die Mix-Anlage lag außer Sichtweite des Tankwarts. Als der Tank voll war, war er einfach losgefahren. Niemand war ihm gefolgt. Niemand hatte ihm hinterhergerufen. Wer konnte denn gemerkt haben, daß er nicht zur Kasse gegangen war? Langsam trat er aus der Küche heraus.

„Andreas Walter?" fragte einer der Beamten.

Andreas nickte.

„Sie haben soeben Tankstellenbetrug begangen!"

„Was soll ich gemacht haben?" rief Andreas gekünstelt aus.

„Der Tankstellenbesitzer hat sich die Nummer Ihres Kennzeichens notiert", erklärte der Beamte und schob ihm einen Zettel unter die Nase. „Wir haben Sie als Fahrzeughalter ermittelt."

Andreas starrte auf den Zettel. Es war die Versicherungs-
nummer seines Mopeds. Sonst sind die Bullen doch auch nicht
so schnell, dachte er. Aber ausgerechnet bei ihm!

Christine sah an seiner Reaktion, daß etwas nicht stimmte.
„Wird er jetzt verhaftet?" fragte Christine.

„Nein, wir geben das der Staatsanwaltschaft weiter, die wird
Anzeige erstatten und dann ermitteln", erklärte der Beamte
sachlich.

„Und dann?" fragte die Großmutter.

„Dann erhält ihr Sohn erst mal ein Schreiben mit der Auffor-
derung, zum Tatverlauf Stellung zu nehmen. Das wär's dann!"
Die beiden Polizisten machten kehrt und gingen die Treppe
hinunter.

Die Großmutter schloß die Tür und hielt sich die Hand vor den
Mund. „Wieso machst du denn so was?" fragte sie Andreas.

Andreas sah zu Boden. „Der Alte gibt mir ja kein Geld
mehr. Irgendwas muß ich ja auch vom Leben haben", stieß er
aus.

Plötzlich stand Krossmann da. Er hatte alles mitbekommen.
Durch das Gerede im Flur war er aufgewacht, und als er her-
ausgehört hatte, worum es ging, hatte er gewartet, bis die
Beamten wieder verschwunden waren. Nun würde er Andreas
zur Rechenschaft ziehen. Er war ein Krimineller, das hatte er
schon immer gewußt! Er baute sich vor Andreas auf. „Tankstellenbetrug?" fragte er mit zitternder Stimme. „Das ist in unserer Familie noch nie vorgekommen."

Andreas blieb gelassen. „Was verstehst du denn unter Familie? Führt doch jeder sein eigenes Leben hier", gab er spöttisch zurück.

Krossmann warf einen abschätzigen Blick auf seine Frau. „Dafür könnt ihr euch bei eurer Oma bedanken. Die war nie in der Lage, euch zu erziehen!"

Andreas packte die Wut. Er wechselte einen kurzen Blick mit Christine. „Laß Oma in Ruhe, ja?!" sagte er mit drohendem Unterton. „Du hast dich doch noch nie um was gekümmert", warf er ihm vor.

„Wer hat euch Bälger denn die ganzen Jahre durchgebracht?" rief der Alte empört. „Der Putzfrauenlohn deiner Oma vielleicht? Ich war es doch!" schrie er hysterisch. „Ich! Ich! Ich! Und jetzt noch die Polizei aufm Hals!"

Christine und ihre Oma sahen hilflos von einem zum andern. Christine wußte nicht, was sie tun sollte.

„Das kannste meine Sorge sein lassen. Ich bin immerhin achtzehn! Also habe ich das auch alleine zu verantworten."

„Und du glaubst, du könntest dich damit so einfach aus der Affäre ziehen?" Christine sah, wie die Wangenmuskeln des Alten bedrohlich arbeiteten. „Mich hast du doch damit auch beschissen!" schrie er aufgebracht. „Tankstellenbetrug! Weißt du was das heißt? Wie steh ich denn da? Ich war schließlich bei Daimler", seine Stimme überschlug sich. Er hatte sich in seine Wut so hineingesteigert, daß sich Christine ängstlich hinter die Garderobe verzog. So hatte sie den Alten noch nie erlebt, nicht einmal da, als er sie wegen seiner Karre angegangen war und ihr an der Schulter wehgetan hatte.

„Warum machst du dir denn eigentlich so ins Hemd?" fragte Andreas. „Warst du Manager bei Daimler? Haste was zu verlieren? Gibt's 'ne Minderung deiner Pension?"

Seine Großmutter nahm ihn am Arm. „Hör doch auf, ihn noch zu provozieren. Du weißt doch, wie er ist", sagte sie.

Aber auch Andreas war voll in seiner Wut gefangen. Er sah den Alten mit einem überheblichen Grinsen an. „Pförtner! Warum spielst du dich eigentlich so auf?"

Im nächsten Moment spürte er schmerzhaft den trockenen Schlag einer Faust im Gesicht. Andreas taumelte gegen die Wohnungstür.

Christine und ihre Großmutter standen fassungslos daneben und fingen beide an zu weinen.

Andreas kam wieder auf die Beine und rammte dem Großvater den Kopf in den Bauch, wie ein Stier.

Der Alte fiel um und begann zu röcheln. Die Großmutter stürzte sich sofort über ihn und befühlte seinen Puls.

Alles ging so schnell. Christine verstand überhaupt nicht, warum das alles geschehen war. Würde der Alte sterben? Verdient hätte er es ja irgendwie! Und wohin war Andreas nun auf einmal verschwunden?

Als Krossmann wieder hochkam und sich schwer atmend neben den großen Garderobenspiegel auf den Boden setzte, stand plötzlich Andreas vor ihm. Er hatte eine prallgefüllte Sporttasche in der Hand.

„Ich dachte, er stirbt", sagte Andreas zynisch und drückte

seiner Großmutter einen knappen Kuß auf die Stirn. Sie reagierte nicht auf ihn, sie konnte nur noch weinen.

„Was soll das? Wo willst du hin?" Christine war in Panik und packte ihn am Kragen. Mit einem sanften, aber bestimmten Griff löste er ihre Hände. „Ich geh jetzt", sagte er ernst und drückte sie kurz an sich. „Ich muß jetzt gehen, verstehst du?"

Er wandte sich ab und verschwand.

21

Unten im Hausflur packte Andreas seine Sporttasche mit den wenigen Habseligkeiten, die er hatte mitnehmen können, auf sein Moped. Er dachte nur noch an Monika und daran, daß er hierher nie wieder zurückkehren würde.

Als er *Rolfs Pinte* erreichte, stellte er sein Moped ab und stürmte zur Eingangstür. Aber die war verriegelt. Er rüttelte an dem hölzernen Griff. Nun fiel ihm ein, daß Montag ja Ruhetag war. Daran hatte er überhaupt nicht mehr gedacht.

Monika besaß ein möbliertes Zimmer über der Kneipe. Er wollte klingeln, aber dann entdeckte er plötzlich, daß im Gastraum Licht brannte. Er ging an eines der Fenster und nahm die Hände neben das Gesicht, um die Spiegelung zu verhindern.

Monika saß auf dem Tresen mit freiem Oberkörper. Ihre wunderbaren Brüste wippten bei jedem Stoß, den Rolf ihr verpaßte.

Tief verletzt wandte Andreas sein Gesicht ab. Offenbar hatte er hier nichts mehr zu verlieren.

Er fuhr los und steuerte die Fabrik an. Er hatte sich schon lan-

211

ge vorbereitet. Irgendwann, das wußte er, würde der Tag X kommen, an dem er gehen würde. Nur Tinchen hatte ihn bisher davon abgehalten. Das ist kein Leben mehr, dachte er. Und die Sache mit Monika hatte ihm nun endgültig den Rest gegeben.

In seinem Spind im Umkleideraum befanden sich ein paar Klamotten und Wurst und Brot in Dosen. Essen, das man den Soldaten mitgab, wußte er. Er packte alles schnell in seine Tasche.

Irgendwie würde er sich schon nach Westdeutschland durchschlagen, dachte er. Immerhin war er nun achtzehn und besaß einen gültigen Personalausweis, mit dem er jede Grenze der Welt überschreiten konnte. Wie froh war er nun, daß er den Ausweis rechtzeitig beantragt hatte. Er hatte ihn in einem anderen Spind deponiert, um zu verhindern, daß ihm im letzten Moment noch jemand auf die Schliche kam. Man wußte ja nie, ob jemand einem in den Sachen rumfummelte. Er öffnete den anderen Spind und ertastete den Ausweis und war sehr erleichtert. Vor allem, weil er in seinem Ausweis noch ein paar Blaue verborgen hatte. Seine heimliche Sparkasse. Sein Anteil an den Zigaretten, die Marc auf dem Schulhof in Bares umgesetzt hatte. Dealerlohn würde Marc dazu sagen. Kein Problem, auf der Poststelle das Münzgeld in Scheine zu verwandeln. Natürlich nicht alles auf einmal. Und außerdem gab es noch dreihundert Mark aus der Sparbüchse von Oma.

Andreas stopfte nun den Ausweis mit dem Geld in seine Sporttasche und wandte sich zum Gehen. Da stand plötzlich Christine vor ihm. Wie eine Wilde war sie zur Fabrik geradelt. Ihr Gesicht war tränenüberströmt.

Er ließ die Tasche fallen und nahm sie in seine Arme. „Tut mir leid, daß ich meine Geburtstagsfeier absagen mußte", sagte er.

Christine lehnte ihren Kopf an seine Schulter. „Mir auch", schluchzte sie und drückte ihm ihr Päckchen in den Arm.

Andreas nahm es erstaunt an. „Du schenkst mir was?"

„Logisch", sagte Christine. „Pack's doch aus!" rief sie ungeduldig.

Andreas hob den Elch aus der Schachtel und sah sie verständnislos an.

„Was ist denn? Gefällt er dir nicht?"

Er nahm das Kuscheltier hoch und betrachtete es verwundert.

„Ein Talisman", erklärte Christine, „den kannst du doch gebrauchen!"

Jetzt erst fiel ihm das Karomuster des Schals auf, den der Elch trug, und er verstand. „Jetzt fehlt ihm nur noch meine Pudelmütze für den Winter. In Alaska soll's im Winter eisig kalt sein." Er lächelte. Christine hatte immer wieder mal so tolle Ideen, fand er.

„Willst du so weit weg, nach Alaska?" fragte Christine entsetzt.

„Nee, ich weiß noch gar nicht, wohin ich will", erwiderte er. „Ich weiß nur, daß ich weg will." Er steckte den Elch in seine Tasche und gab seiner Schwester zum Dank einen dicken Kuß.

„Und Monika?" Christine sah ihn scharf an. „Die hat doch wohl sicher auch was dagegen, daß du gehst! Willst du sie wirklich verlassen?"

213

„Von der hab ich mich gerade verabschiedet!" Er wandte sein Gesicht ab.

Christine war der Schmerz in seiner Stimme nicht entgangen. „Und, wie hat sie reagiert?"

„Sie hat doch Rolf", entgegnete er tonlos. „Und jetzt laß mich gehen!" Er nahm seine Sporttasche.

„Moment mal!" rief Christine. „Glaubst du vielleicht, ich hätte die Schnauze nicht genauso voll wie du? Ich will mit!" forderte sie plötzlich. Sie hatte sich schon fast damit abgefunden, daß er sie im Stich lassen würde. Aber sie wollte nun auch nicht mehr nach Hause zurück.

Andreas ließ die Tasche wieder sinken. Was sollte er nur machen? Er konnte sie doch nicht mitnehmen. „Mein Gott!" rief er aus. „Du hast doch noch nicht mal 'nen eigenen Kinderausweis! Wie willste denn da durch die ganzen Kontrollen kommen? Wenn ich nicht gerade zufällig achtzehn geworden wäre, hätte ich auch keine Chance, nach Westdeutschland zu kommen! Du weißt doch, wie die Grenzen hier sind: alles Mauern und Stacheldraht! Berlin ist ein Gefängnis! Von hier aus kommste nur mit legalen Mitteln in den Westen! Oder willste dich erschießen lassen?"

„Aber Frau Kupke hat mal erzählt, daß sich sogar Flüchtlinge aus der DDR im Kofferraum eines Autos versteckt und sich so durch die Grenzkontrollen geschmuggelt hätten." Sie ließ nicht locker. Sie wollte ihren Bruder nicht verlieren.

„Wenn sie an den Abgasen nicht gestorben sind, dann leben sie noch heute!" erwiderte Andreas genervt.

„Dann hau doch ab!" erwiderte Christine leise. Sie fühlte sich so hilflos.

Andreas legte seinen Arm auf ihre Schulter, aber sie wies ihn ab. „Sobald ich was gefunden habe, hol ich dich nach!" sagte er schuldbewußt.

„Wohin willste mich denn nachholen, wenn du selber nicht weißt, wohin du gehst?" Christine war außer sich. „Willste zu deinen Elchen am Nordkap oder zu den Piranhas im Amazonas oder zu den sieben Weltmeeren oder zu den Frauen, die nur auf Matrosen stehen, oder was?" Sie begann wieder zu weinen. Sie konnte sich einfach nicht vorstellen, daß ihr Bruder von heute auf morgen aus ihrem Leben verschwinden wollte.

„Weiß ich doch nicht", gab er trocken zurück. „Ich muß doch selbst erst mal seh'n, wie ich mich durchschlage. Meinste denn vielleicht, das macht Vergnügen? Und da soll ich noch nebenbei meine kleine Schwester betreuen?"

„Dann verpiß dich doch endlich!" schrie sie, außer sich vor hilfloser Wut. Sie ging auf ihn zu und riß ihm seine Tasche aus der Hand. Sie öffnete sie und begann, nach dem Elch zu suchen. Sie würde ihn in tausend Stücke zerreißen, dieses Mistvieh, nahm sie sich vor.

Da packte Andreas sie an ihren Handgelenken und zog sie an sich und streichelte ihr übers Haar. „Tut mir leid", sagte er, „aber Marc wartet draußen."

„Was willste denn jetzt mit Marc?"

„Er hat mir 'nen Wagen besorgt!" Christine sah ihn entgei-

215

stert an. „Wie, nen Wagen? Du hast doch überhaupt keinen Führerschein!"

„Brauch ich auch nicht", erwiderte Andreas tonlos. „Ich komm auch so durch." Er löste sich von ihr und nahm seine Tasche. „Ich laß von mir hören", sagte er. Mit seiner rechten Hand faßte er sie noch einmal fest am Arm und sah ihr in die Augen. „Und nicht unterkriegen lassen! Das mußt du mir versprechen!"

„Kannst dich drauf verlassen!" erwiderte Christine. „Du hast ja immer gesagt, das Leben ist kurz und beschissen, und du hast keine Chance, aber nutze sie!"

„Das stand mal auf nem Buch, das ich in die Finger gekriegt habe", erwiderte Andreas. „Aber genau so hab ich es gemeint! Also halte dich daran!"

Christine wollte ihn noch festhalten. Aber da heulte draußen ein Motor auf. Es hupte dreimal. „Mein Taxi", sagte Andreas und ging.

22

In den nächsten Monaten war Christine krank vor Sehnsucht nach Andreas. Jeden Tag rannte sie, wenn sie von der Schule kam, zuerst zum Briefkasten. „Ich laß was von mir hören", hatte er ihr doch zum Abschied versprochen. Aber es kam keine Post. Hatte er denn noch immer nichts für sich gefunden? Eigentlich hatte er doch nun genug Zeit dazu gehabt! Einmal fiel ihr ein, er könnte nach Italien gefahren sein. Er hatte nämlich mal erzählt, daß es dort das beste Eis gebe. Aber vielleicht war er auch in Spanien, weil es dort die Stierkämpfe gab und einen ganz besonderen Rotwein. Oder in Frankreich? Dort sollte eine wunderbare Flußmündung sein, wo es noch richtige Wildpferde gab und wo Flamingos brüteten. Vielleicht, vielleicht, vielleicht! Stundenlang lag sie auf ihrem Bett und erinnerte sich an alles, was er ihr einmal erzählt hatte. Oder war er am Ende doch nach Alaska? Aber Post kam keine.

Auch Oma war so merkwürdig in letzter Zeit. Seitdem sie bei Frau Kupke in der Sprechstunde war, war sie ständig hinter ihr her. Nachhilfeunterricht sollte sie nehmen, hatte ihre Lehrerin vorgeschlagen. Aber Oma hatte gesagt, daß sie sich das nicht leisten könnten, und sie würde sich selber um Christines Hausaufgaben kümmern. Seitdem drängelte sie ständig und nörgelte bloß noch an ihr herum, obwohl sie selbst überhaupt keinen Durchblick hatte, am wenigsten in Mathe. Aber wenigstens gab sie ihr inzwischen wieder etwas Taschengeld. Auch wenn der Alte nichts davon wissen durfte. Aber der sprach ja, seitdem Andreas abgehauen war, sowieso fast kein Wort mehr mit ihr. Dabei war sie doch gar nicht schuld daran, daß Andreas weg war, sondern er selbst!

In die Schule wäre sie am liebsten gar nicht mehr gegangen. Obwohl sie neulich von Frau Kupke ein großes Lob bekommen hatte, weil sie die Erste im 100-Meter-Lauf geworden war. Aber das war auch alles. Sie konnte sich auch nicht mehr konzentrieren, weil sie so oft an Andreas dachte und weil sie immer wieder überlegen mußte, was nun aus ihrem eigenen Leben eigentlich werden sollte. Sie konnte doch auch nicht ewig bei den Großeltern leben. Schließlich war sie ja inzwischen fünfzehn. Und ihre Noten in den anderen Fächern wurden ihr immer gleichgültiger.

Nachdem Andreas weg war, war sie noch einmal in *Rolfs Pinte* gegangen und hatte Monika gesagt, wie traurig sie sei. Da hatte Monika sie an ihren großen Busen gedrückt und ihr über die Haare gestreichelt. Sie wollte von Monika wissen, ob sie vielleicht irgend etwas von ihm gehört hätte, ob er ihr geschrieben habe oder vielleicht sogar angerufen. Monika war sehr erstaunt über ihre Frage und fragte zurück, was sie denn meine.

218

Sie wisse von nichts. Sie habe sich nur gewundert, warum er sich nicht mehr habe blicken lassen in der letzten Zeit und daß sie schon nahe drangewesen sei, mal bei ihnen anzurufen. Aber daß er aus Berlin auswandern wollte, davon habe er ihr nie was gesagt. Christine war verwundert. Ihr hatte Andreas doch gesagt, er habe sich von Monika verabschiedet! Monika wollte dann ganz genau wissen, wie es dazu gekommen war, und Christine hatte ihr alles erzählt.

Nur mit Kitty war es in letzter Zeit immer schöner geworden. Kitty hatte ihr gleich angesehen, wie schlecht es ihr ging, als Andreas weg war. An jedem Abend, an dem sie zu Hause war, schlich sich Christine zu ihr in ihre Wohnung. Sie saßen dann zusammen auf Kittys Sofa im Wohnzimmer und knabberten Kekse oder Kitty spielte Klavier und Christine hörte ihr zu. Sie fühlte sich so wohl bei ihr, und doch wollte die Traurigkeit nicht weichen. Christine sprach oft von Andreas, und Kitty hörte ihr aufmerksam zu. Und dennoch gab es Abende, an denen Christine nur vor sich hinstarrte und nicht ansprechbar war.

Kitty machte sich immer mehr Sorgen. War Christine depressiv? Sicher war sie das. Eine ganz normale Trauerreaktion auf den Verlust ihres Bruders, schätzte sie.

Aber dann fragte Kitty sie doch, ob sie schon einmal daran gedacht habe, sich umzubringen.

Christine hatte den Kopf geschüttelt. Doch dann fiel ihr die Sache mit dem Güterzug wieder ein. Kurz nach Andreas' Weggang hatte sie sich wirklich überlegt, daß sie sich eigentlich nur quer über die Schienen zu legen brauchte, wenn der Zug aus dem Tunnel schoß. Aber sie hatte den Gedanken wieder fallengelassen. Schließlich hatte Andreas ihr ja fest versprochen, daß er sie hier rausholen würde. Und außerdem hatte sie ja noch Kitty, und wenn sie zu Kitty ging, dann war es, als würde sie in eine andere Welt eintreten. Sie konnte mit ihr über alles reden. Und sie durfte zu ihr kommen, wann immer sie wollte, selbst, wenn Kitty keine Zeit hatte und gerade am Üben war. Dann machten sie es so, daß sie sich auf das große Sofa in ihrem Wohnzimmer legen durfte, und Kitty spielte Klavier oder Saxophon, und manchmal sogar Geige. Geige fand Christine am schönsten. Sie schloß dann die Augen, sann den Melodien nach und dachte an Andreas. Aber Kitty war auch viel weg. Sie mußte studieren und unterrichten. Nicht nur vormittags, sondern oft auch nachmittags oder sogar abends.

Einmal hörte Christine, als sie von der Schule nach Hause kam, daß die Großeltern in der Küche miteinander stritten. Es ging wieder mal um sie, weil sie wieder schwarzgefahren war. Sie fuhr in letzter Zeit immer mal wieder schwarz, und es war ihr immer gleichgültiger geworden, ob sie erwischt wurde oder nicht. Weil sie genau wußte, was auf sie zukam. Beide schrien sich so laut an, wie es kaum jemals der Fall gewesen war. Der Alte verlangte von Oma, daß sie Christine ins Heim gab, aber das würde Oma nie zulassen, das wußte sie. Im Gegenteil. Oma drehte den Spieß nun um und forderte von ihm, daß er sich um das Mädchen kümmerte und endlich mit ihr redete.

Wenn sie sich da nur nicht täuschte. Wenn das hier so weiterging, würde sie mit dem Alten keine einzige Silbe mehr reden! „Ich mische mich überhaupt nicht mehr ein", rief Oma. „Mach doch du endlich mal was! Du siehst doch, wohin es bei Andreas geführt hat! Willst du Christine auch noch verlieren?"

Kurzes Schweigen. Dann hörte Christine, wie der Alte tatsächlich auf die Tür zuging. Sie huschte in ihr Zimmer, ließ die Tür aber angelehnt. Dann holte sie einen Stuhl und stellte das Wasserglas, das noch halb gefüllt auf ihrem Nachttisch stand, oben auf die Tür. Alles ging blitzschnell. Rasch legte sie sich ins Bett und zog die Decke über den Kopf. Sicher würde er sich so ärgern, daß er auf der Stelle kehrt machen und wieder Oma schicken würde, hoffte sie.

Aber der Alte gab der Tür einen Schubs, bevor er eintrat, und das Glas Wasser fiel vor ihm auf den Boden und zerbrach. Er durchschaute sofort, daß der Anschlag ihm gegolten hatte. Aufgeheizt durch die Auseinandersetzung mit seiner Frau war er nun außer sich vor Wut. Er riß Christine die Bettdecke weg und schlug mit dem Rücken seiner rechten Hand wortlos zu. Mitten in ihr Gesicht.

Christine schoß das Blut aus der Nase. Sie schrie. Mit ihrem rechten Unterarm suchte sie den nächsten Schlag abzuwehren, mit der linken Hand das Blut aufzufangen. Aber es kam kein zweiter Schlag mehr. Noch bevor Großmutter ins Zimmer stürzte, war er schon wieder gegangen. „Was ist denn passiert?" rief die Großmutter bestürzt. Sie holte blutstillende Watte aus dem Medikamentenschrank im Bad. „Er hat mich geschlagen!" schluchzte Christine. Dann schwieg sie und ging auf die weiteren Fragen der Großmutter nicht mehr ein. Die Großmutter wollte fühlen, ob ihr Nasenbein gebrochen war, aber Christine schob ihren Arm weg und schickte sie hinaus.

Abends, als sie hörte, daß Kitty heimkam, ging sie zu ihr hinunter und vertraute ihr an, was passiert war. Wütend war Kitty daraufhin losgestürmt, um ihren Großvater zur Rede zu stellen. Aber Christine hielt sie davon ab, weil sie Angst hatte, daß sie dann noch mehr Prügel beziehen würde. Und Kitty machte nie was gegen ihren Willen.

Aber dann nahm Kitty sie lange in den Arm und streichelte ihr Gesicht und auch ihren Rücken. Christine tat das unendlich gut. Sie hätte fast geweint vor Erleichterung.

Wenn Kitty nicht da war, verbrachte Christine ihre Nachmittage in der Fabrik. Marc hatte anfangs Befehle erteilt und geglaubt, daß er nun in der Gruppe das Sagen habe. Aber sie hatte ihm unmißverständlich klargemacht, daß sie nun Andreas vertreten würde, denn sie war seine Schwester. Und sie hätten nun auf ihr Kommando zu hören und alles würde weiter so gemacht, wie das unter Andreas gelaufen war. Sie hatte sich gewundert, daß Alex und Mike ihr sofort zugestimmt hatten. Sie ließen durchblicken, daß die Zuggeschichte ihnen mächtig imponiert hatte, und daß sie Marc so 'ne Sache nicht zutrauen würden.

Merkwürdigerweise hatte sich Marc kaum gewehrt und dann sogar auch für sie gestimmt. Sie ging jetzt immer häufiger mit Marc auf Tour, um Automaten zu knacken. Aber sie waren nun vorsichtiger als das erste Mal und wurden auch nicht mehr erwischt. Nicht nur Zigarettenautomaten, sondern auch Kondomautomaten. Die Kondome ließen sich in der Schule mindestens so gut verhökern wie die Zigaretten.

Marc war in letzter Zeit überhaupt sehr nett zu ihr. Oft spendierte er ihr eine Cola, und einmal hatte er ihr sogar eine Sonnenblume mitgebracht, die er in dem kümmerlichen Vorgarten seines Vaters gepflückt hatte. Extra für sie. Und einmal, als sie spät nachts auf dem roten Sofa zusammensaßen und Zigaretten teilten, hatte er ihr Gesicht ganz zart in seine Hände genommen.

Sie hatte sich immer wieder mal vorgestellt, wie es wäre, einen Jungen zu küssen, hatte es aber noch nie versucht. Seitdem sie so oft mit Marc zusammen war, hatte sie öfter mal einen Blick auf seine schön geschwungenen Lippen geworfen.

Christine erinnerte sich noch genau daran, wie er mit seiner Zunge in ihren Mund kam. Im ersten Moment fand sie es ein bißchen eklig, weil sein Mund nach Rauch schmeckte, aber dann gefiel es ihr plötzlich auch, und sie begann, seine Zunge zu umschmeicheln. Aber in seinen Mund wollte sie nicht. Sie spürte, daß er zitterte.

Christine strich ihm über seine struppigen Haare. „Mein Igel", flüsterte sie zärtlich.

Er glitt mit der Zunge an ihrem Hals hinab. Dann drückte er sie sanft auf das Sofa und legte sich vorsichtig auf sie. Ihr gefiel seine zunehmende Erregung und sie nahm plötzlich die harte Stelle in seiner Hose wahr. Es war toll, daß sie ihm so gut gefiel, daß er so scharf wurde.

„Soll ich dir mal zeigen, wie das mit dem Kondom funktioniert?" flüsterte er ihr ins Ohr und knabberte an ihren Ohrläppchen.

Ihr fiel ein, daß sie noch nie einen nackten Mann gesehen hatte, zumindest nicht ganz nackt. Andreas hatte sich nie vor ihr entblößt, und abends, beim Ausziehen, hatte er sich immer zum Bett gedreht. Langsam glitt ihre Hand nach unten und sie befühlte sein erregtes Glied unter dem Stoff. Sie war wahnsinnig neugierig und beschloß, ihn einfach weitermachen zu lassen. „Dann zeig's mir doch", sagte sie.

Marc begann, in seinen Hosentaschen nach einem Kondom zu suchen, fand aber keins. „Scheiße", stieß er schließlich aus. „Alle zu Hause liegenlassen! Ich konnte ja nicht wissen, daß wir gerade heute abend bumsen würden."

„Schwachkopf!" rief Christine frustriert aus und warf ihn unsanft ab.

Er fiel auf den Boden und blieb beschämt liegen. Christine verstand nichts. Er wollte mit ihr schlafen, und in dem Moment, wo sie bereit dazu war, vergaß er seine Kondome!

23

Christine blieb mit Marc befreundet. Er versuchte zwar noch zweimal, sie rumzukriegen, aber Christine hatte keine Lust mehr, mit ihm zu schlafen. Marc akzeptierte. Er wollte weiter mit ihr zusammenarbeiten, schließlich waren sie inzwischen ein eingespieltes Team, und er würde auch anderswo Mädchen finden. Und Christine hatte durch die Zusammenarbeit mit ihm mehr Geld in der Tasche als früher.

Ein weiteres Jahr verging, ohne daß etwas Besonderes geschah. Christine hatte sich schon fast damit abgefunden, nie wieder etwas von Andreas zu hören. Sie war endlos sauer auf ihn. Dann aber hatte sie wieder Angst, es könnte ihm etwas passiert sein, und sie würde nie davon erfahren.

Daß sie den Hauptschulabschluß nicht schaffen würde, hatte sie schon vorausgeahnt. Obwohl Kitty ihr immer mal wieder geholfen hatte, aber sie hatte eben auch nicht jeden Tag Zeit.

Einmal hatte sie ihr sogar angeboten, ihr Geigenunterricht zu geben – kostenlos! Christine hatte sich riesig gefreut, denn sie hörte Kitty immer so gerne zu, wenn sie Geige spielte. Aber nach der ersten Stunde schon hatte sie die Nase voll. Das war ihr alles viel zu umständlich. Die Geige mußte richtig angelegt und hochgehalten werden, und um den Bogen zu halten, mußte sie alle fünf Finger verkrampfen, mal ganz abgesehen von den Fingern der linken Hand. Die Saiten lagen ihr viel zu dicht beieinander. Als sie den ersten Ton versuchte, hörte es sich zwar für einen Moment gar nicht schlecht an. Aber dann sagte Kitty, daß es mindestens ein paar Wochen brauchen würde, bis sie *Alle meine Entchen* spielen könnte, das sei eben so bei Geige. Und dann hatte sie schon keine Lust mehr. Sie hätte gern sofort losgelegt und *Monday, Monday* gespielt.

Eine Sache machte ihr Sorgen. Großmutter wurde immer merkwürdiger. Sie hatte sich noch zwei weitere Putzstellen gesucht und kochte auch nicht mehr regelmäßig. Sie war immer weniger zu Hause. War sie krank? Abends verzog sie sich schnell ins Schlafzimmer, und Christine konnte kaum mehr mit ihr reden. Wenn sie sie darauf ansprach, sagte sie immer, das sei eben das Alter. Dabei war sie doch noch gar keine Siebzig! Die Nachbarin von gegenüber war schon über achtzig und war noch topfit!

Und dann lag da eines Tages plötzlich die Postkarte im Briefkasten. Christine hatte ihn gar nicht mehr regelmäßig geleert nach der langen Zeit, in der sie von Andreas kein einziges Lebenszeichen erhalten hatte. Sie bekamen nie Postkarten. Christine nahm sie verwundert an sich. Auf der Vorderseite war das blaue Meer abgebildet mit vielen Schiffen und Lastkränen. Ihr Herz klopfte plötzlich wie wild.

Sie drehte die Karte um und erkannte die Handschrift von Andreas sofort. Er lebte! Und warum meldete er sich jetzt erst, nach so langer Zeit?

Christine war außer sich vor Freude. Sie rannte mit der Karte sofort zu Kitty und hatte Glück. Sie war da. „Von Andreas!" rief sie aus, als Kitty die Tür öffnete. „Endlich!"

Kitty freute sich für Christine und ließ sie rein. Sie hatte es selbst nicht mehr für möglich gehalten, daß sich Christines Bruder noch mal bei ihr melden würde. Christine drückte ihr die Karte in die Hand und bat sie vorzulesen.

„Hallo Tinchen!" stand da. „Tut mir echt leid, aber ich komme heute erst zum Schreiben. Zufällig liegen wir im Hafen von Genua. Das ist in Italien. Und Italien ist doch gar nicht so weit von Berlin entfernt, oder? Stell dir vor: Ich bin um die halbe Welt gereist. Auf einem Schiff. Und dort habe ich Koch gelernt. Das heißt, auf mehreren Schiffen. Ja, ich verpflege hier die ganze Mannchaft! Und war schon in Amerika und in Afrika und sogar schon in Australien!" Christine sah Kitty über die Schulter und bemerkte, daß die Schrift auf der Karte immer kleiner wurde, weil der Platz nicht mehr reichte. „Und im Moment haben wir zwei Wochen Pause", las Kitty weiter. „Wie gesagt, in Genua. Tschüß! Andreas."

„Er lebt auf einem Schiff!" stieß Christine begeistert aus.

„Und im Moment ist er in Genua an Land", sagte Kitty.

„Wo liegt das denn genau?" wollte Christine wissen und kam plötzlich auf eine Idee. Andreas hatte eine große Landkarte über seinem Bett hängen, von der ganzen Welt.

227

Und Kitty war noch nie bei ihr gewesen. Immer nur sie bei Kitty.

„Jetzt lade ich dich mal ein", sagte Christine. Kitty sah sie verblüfft an, aber als Christine sie bat, ihr auf Andreas' Weltkarte die Lage von Genua zu zeigen, willigte sie ein, mit ihr nach oben zu kommen.

„Meinst du denn, daß das deinen Großeltern überhaupt recht ist?" fragte Kitty.

„Die sind beide nach Tiergarten zum Einkaufen und kommen frühestens in einer Stunde wieder", antwortete Christine.

Kitty betrat die Wohnung der Krossmanns und sah sich interessiert im Flur um. Es hing kein Spiegel dort und auch kein Bild. Alles kahl. Sie gingen in Christines Zimmer, und Christine nahm sofort Kurs auf die Landkarte.

„Ist das dein Bett?" fragte Kitty und deutete in Richtung des Plakats von The Mamas and the Papas.

Christine nickte und zog sie zur Weltkarte.

Kitty suchte mit dem Finger die Stelle an der ligurischen Küste, wo die Hafenstadt Genua liegt, und zeigte sie Christine. Die merkte sich den Ort und fuhr dann mit dem Finger auf der Karte nach Berlin. „Ist aber doch ganz schön weit auseinander", urteilte sie schließlich.

„Und jetzt zeig ich dir mal meine Musik!" sagte Christine plötzlich und legte Janis Joplin auf. „Seit Andreas weg ist, gehört sein Plattenspieler praktisch mir, mach's dir doch bequem!" Sie verwies Kitty mit einer Kopfbewegung auf ihr Bett. Kitty setzte sich. Christine ließ die Musik laufen und schloß sicherheitshalber die Tür ab. Man konnte ja nie wissen. Wie oft hatte der Alte sie schon gestört! Und sie wollte auf keinen Fall gestört werden. Sie setzte sich dicht neben Kitty. „Ich bin so glücklich", sagte Christine.

„Ich auch", erwiderte Kitty und näherte sich ihr zärtlich. Sie gab ihr einen Kuß auf die Stirn und streichelte ihre Wange.

„Weißt du, daß du meine einzige Freundin bist?" fragte Christine und erwiderte ihre Zärtlichkeit. Da umarmte Kitty sie, und sie ließen sich beide auf das Bett fallen, und nun begann Kitty sanft, durch die Bluse hindurch, Christines kleine Brust mit der Hand zu liebkosen.

Das kam für Christine völlig überraschend. Ein Zucken lief durch ihren Körper. Spontan öffnete sie ihre Bluse. Sie wollte mehr haben. Kitty berührte die zarte Knospe, die immer fester wurde. Christine begann zu stöhnen. Sie hatte sich schon oft selbst gestreichelt, war aber noch nie von jemand anderem an dieser Stelle berührt worden. Eine unbändige Lust überkam sie, nun ihrerseits Kittys Brüste zu erkunden. Sie konnte es gar nicht erwarten, bis sie endlich die Knöpfe ihrer Bluse geöffnet hatte. Kitty trug einen schwarzen, durchsichtigen BH. Christine fuhr mit der Hand unter das Körbchen und umfaßte ihre Brust, die sich fest anfühlte, während Kitty sie weiterstreichelte.

Nun begann auch Kitty, schneller zu atmen. In wie vielen Träumen hatte sie sich vorgestellt, Christine einmal so nahekommen zu können!

Plötzlich hämmerte jemand gegen die Tür.

Beide zuckten zusammen. „Der Alte!" flüsterte Christine. „Der hat mir jetzt gerade noch gefehlt!" Sie war heilfroh, daß sie die Tür abgeschlossen hatte, sonst wäre er jetzt bestimmt einfach ins Zimmer geplatzt.

Wie oft war er, seit Andreas weg war, in ihr Zimmer eingedrungen, während sie im Bett lag und Musik hörte und nur ihre Ruhe haben wollte, und hatte sie rausgejagt wegen irgend einem Scheiß, den sie in seinen Augen hatte erledigen sollen. Diesmal war Schluß! Nahm sie sich vor.

Sie stand auf und drehte die Musikanlage auf die höchste Lautstärke.

Kitty amüsierte sich. „Machst du das immer so?"

„Der Alte kann mich mal! Aber jetzt komm ich wieder zu dir." Christine legte sich wieder zu Kitty und begann, sie sanft zu küssen.

Das Hämmern an der Tür verstärkte sich. Sie hörten die Stimme des Alten nach ihr rufen, aber es war nicht zu verstehen, was er da zusammenschrie, und es interessierte sie auch nicht.

„So wild hat er ja noch nie getobt!" machte sich Christine lustig. „Muß wohl wieder was ganz Besonderes sein, was ihn aufregt."

Plötzlich hörten sie eine Sirene. Ist das die Polizei, dachte Christine. Feuerwehr war es nicht. Das hörte sich anders an. Das Klopfen an der Tür hörte abrupt auf.

Sie wollten wieder schmusen, aber die Spannung war weg, und dann hörten sie nach kurzer Zeit plötzlich Stimmen in der

Wohnung. Was war los, dachte Christine. Sie stand auf und machte die Musik aus, um etwas zu hören. Aufgeregte Männerstimmen im Flur. Kitty setzte sich auf. Auch sie war völlig irritiert.

Christine schloß die Tür auf und ging hinaus. Ein Sanitäter stand vor dem Schlafzimmer. Christine ging hin. Im Schlafzimmer lag Oma. Totenblaß. Der Notarzt leuchtete ihr in die Pupillen.

„Verdacht auf Schlaganfall! Sie muß so schnell wie möglich auf die Intensivstation", sagte er. Christine sah ihren Großvater entsetzt an. Die Rettungssanitäter hoben Christines Großmutter auf die Rettungsbahre.

„Geh aus dem Weg!" herrschte der Alte sie an. „Wieso hast du denn abgeschlossen? Du hättest helfen können! Aber du bist ja nie da, wenn man dich braucht!"

Christine sah ihn bestürzt an. „Das konnte ich doch nicht wissen!"

„Nichts weißt du, nichts!" erwiderte er verbittert. Sein Blick fiel auf ihren freien Busen. Christine hatte in der Panik vergessen, die Knöpfe zu schließen. „Mach wenigstens deine Bluse zu!" versetzte er.

Sie folgten den Sanitätern. Kitty schloß sich Christine an. „Was machen Sie denn in unserer Wohnung?" Der Alte hatte sie plötzlich entdeckt.

„Ihre Tochter hat mir was gezeigt", sagte Kitty. Er wäre der Letzte, dem sie über irgend etwas Auskunft geben würde nach allem, was sie von Christine über seine Schikanen erfahren hatte.

Es stellte sich heraus, daß der Aufzug zu eng war, also mußten sie die Treppe nehmen.

Der Alte lief im Treppenhaus vor ihnen her. Plötzlich blieb er stehen und drehte sich zu Kitty um. „Hat sie Ihnen ihre Tittchen gezeigt, oder was?" fragte er mit einem süffisanten Grinsen und ging weiter.

Christine und Kitty sahen sich betreten an.

Als der Notarztwagen mit Christines Großmutter mit Blaulicht davonfuhr, sah Christine ihm mit steinernem Gesicht nach. Wie mies der Alte Oma behandelt hatte! Genauso mies wie sie!

„Da hast du nun das Ergebnis!" schrie ihr Großvater sie plötzlich an. „Da fährt sie davon! Wer weiß, ob sie überhaupt noch mal wiederkommt! Aber das hält ja kein Mensch aus! Ihr ganzes Leben habt ihr eurer Großmutter nur Sorgen gemacht. Ihr habt sie gequält! Ihr habt alle Arbeit ihr überlassen. Mit ein bißchen mehr Rücksicht wäre das nicht passiert!"

Christine wandte ihren Blick ab. Ausgerechnet ihr noch Vorwürfe zu machen, das war ja wohl das letzte! Wer verstand sich denn mit Oma? Er oder sie? Sie gingen ins Haus zurück.

Christine rannte schnell hoch und ging ins Schlafzimmer, ehe der Alte ihr nachfolgen konnte. Dort zog sie zwischen den Blusen der Oma ihr Sparbuch hervor. Sie steckte es in die Gesäßtasche ihrer Jeans. Dann verschwand sie in ihrem Zimmer. Wartete, wo der Alte hingehen würde. Hörte, wie er mit schweren Schritten ins Wohnzimmer ging und die Glotze einschaltete.

Wie ihr Bruder zuvor, packte nun auch sie ihre Sachen. Sie hatte einen kleinen Rucksack.

Mit dem Alten alleine, ohne ihre Oma in der Wohnung zu bleiben, das wäre der reinste Horror!

Sie rannte zu Kitty hinunter und klingelte an der Tür.

Kittys Blick fiel sofort auf ihren Rucksack. „Habe ich mir schon gedacht, daß du jetzt die Fliege machen willst", sagte sie und ließ sie ein. Sie versuchte, ihre Traurigkeit vor Christine zu verbergen.

„Hast du 'ne Karte von Italien?"

„Hab ich", erwiderte Kitty. Sie kämpfte mit den Tränen. „Aber du kannst ab jetzt auch bei mir wohnen, wenn du willst!"

Christine sah Kitty überrascht an. „Das würde der Alte doch nie zulassen!"

Sie hatte recht, dachte Kitty. Und sie würde darauf keinen Einfluß haben, denn Christine war zwar siebzehn, aber eben noch nicht volljährig, und ihr Großvater hatte das Sorgerecht. Außerdem würde sie selbst in einem halben Jahr wieder in die Staaten zurückkehren. Und dann wäre Christine wieder alleine.

Sie wandte sich ab. Christine sollte ihre Tränen nicht sehen.

Sie holte die Italienkarte.

„Irgendwie werde ich schon nach Genua finden", sagte Christine.

Kitty hatte keine Ahnung, wie sie das schaffen wollte, und sie hatte auch Angst um sie, aber sie konnte sie auch nicht zurückhalten. Christine hatte soviel Power. Vielleicht fand sie ja ir-

233

gendeinen netten LKW-Fahrer, der sie über die Grenzen schmuggeln würde. Zuzutrauen wäre es ihr.

Sie umarmten sich.

Dann bog Christine mit ihrem kleinen, blauen Rucksack um die Ecke des versifften Treppenhauses.

Kitty wäre ihr am liebsten nachgerannt und hätte sie festgehalten. Warum war das nicht möglich, dachte sie. Sie hätte so gerne für sie gesorgt und wäre so gerne mit ihr zusammengeblieben.

Sie ging in ihr Wohnzimmer und nahm ihr Saxophon. Das Fenster stand weit auf. Von hier aus konnte sie direkt auf die Straße sehen. Als Christine in ihr Blickfeld kam, begann sie zu spielen. *Oh Lord, won't you buy me a Mercedes Benz*! Genauso einen Schlitten könnte Christine jetzt brauchen!

Christine hörte Kittys Saxophon. Der rauchige Klang ging ihr durch und durch, und sie hatte auch genau vor Augen, wie Kitty hinter ihrem Fenster stand. Aber wenn sie sich jetzt noch einmal umdrehen würde, müßte sie wieder heulen, und sie hatte sich doch fest vorgenommen, Andreas zu finden!

Nachsatz:

Im Alter von 34 Jahren beging Christine Walter einen bewaffneten Banküberfall, der scheiterte. Sie wurde zu fünf Jahren Gefängnis verurteilt. Während ihres Gefängnisaufenthalts nahm ihr Bruder Kontakt zu ihr auf. Er hatte nach ihr gesucht ...

Im Handel:

Nina & Andy – Verbotene Gefühle

Band 31, ISBN 3-8332-1036-2

Zuerst ist es nur Freundschaft. Aber dann merkt Nina, dass sie mehr für ihren Vertrauensbeamten Andy empfindet. Walter, Ninas Ziehmutter, ist davon überhaupt nicht begeistert. Doch Nina und Andy können ihre Gefühle nicht länger verleugnen. Sie werden ein Paar.
Da Beziehungen zwischen JVA-Beamten und Insassinnen verboten sind, müssen die beiden ihre Liebe absolut geheim halten. Der harte Alltag in Reutlitz und die gemeinen Intrigen von Schließer Baumann stellen die Liebenden auf eine harte Probe ...

Der Roman zur spannenden RTL-Serie

Ab Juni 2004

Die Geschichte der Sascha Mehring

Band 33, ISBN 3-8332-1038-9

Es ist ihre erste große Liebe! Sascha will ihrer lebenshungrigen Freundin Doreen die Welt zu Füßen legen. Als Jugendliche in der DDR sind ihre Möglichkeiten dazu jedoch stark begrenzt. Der erste gemeinsame Urlaub in Prag soll ein Anfang des gemeinsamen Traums und der gemeinsamen Zukunft werden. Doch als Sascha Doreen spontan zur Republikflucht auffordert, blockt diese sofort ab und beschimpft Sascha als Vaterlandsverräter. Sascha rastet aus: Von einem Moment zum anderen stirbt nicht nur der gemeinsame Traum, auch Doreen sinkt tot zu Boden ...

Der Roman zur spannenden RTL-Serie

Exklusiv für Sie: die offi

Vorgeschichten

Band 30:

ISBN 3-89748-771-3

Die Geschichte der
Raffaella Caprese

Band 29:

ISBN 3-89748-770-5

Die Geschichte der
Nina Teubner

Band 28:

ISBN 3-89748-718-7

Die Geschichte der
Melanie Schmidt

Band 27:

ISBN 3-89748-717-9

Die Geschichte der
Martina & Mareike Vattke

Band 25:

ISBN 3-89748-614-8

Die Geschichte des
Jörg Baumann

Band 24:

ISBN 3-89748-614-8

Die Geschichte der
Ruth Bächtle

Band 23:

ISBN 3-89748-599-0

Die Geschichte der
Jutta Adler

Band 21:

ISBN 3-89748-573-7

Die Geschichte der
Denise Hartung

Band 20:

ISBN 3-89748-572-9

Die Geschichte der
Bea Hansen

Band 19:

ISBN 3-89748-472-2

Die Geschichte der
Uschi König

Band 18:

ISBN 3-89748-471-4

Die Geschichte der
Anna Talberg

Band 14:

ISBN 3-89748-422-6

Die Geschichte der
Eva Baal

Band 13:

ISBN 3-89748-421-8

Die Geschichte der
Jule Neumann

Band 12:

ISBN 3-89748-310-6

Die Geschichte der
Sofia Monetti

Band 11:

ISBN 3-89748-301-7

Die Geschichte der
Mona Suttner

Band 9:

ISBN 3-89748-227-4

Die Geschichte der
Conny Starck

© RTL Television 2004, vermarktet durch RTL Enterprises GmbH
© Grundy UFA TV Produktions GmbH. All rights reserved. Licensed by Freemantle Brand Licensing. www.freemantlemedia.com

ziellen Bücher zur Serie!

Vorgeschichten

Band 8:
ISBN 3-89748-225-8
Die Geschichte der Margarethe Korsch

Band 7:
ISBN 3-89748-224-X
Die Geschichte der Sabine Sanders

Band 6:
ISBN 3-89748-226-6
Maximilian Ahrens – Ein Leben Hinter Gittern

Band 5:
ISBN 3-89748-166-9
Die Geschichte der Katrin Tornow

Band 4:
ISBN 3-89748-157-X
Die Geschichte der Christine Walter

Band 2:
ISBN 3-89748-146-4
Die Geschichte der Blondie Koschinski

Ein Muss für jeden Fan!

Knastgeschichten

Band 31:
ISBN 3-8332-1036-2
Nina & Andy – Verbotene Gefühle

Band 26:
ISBN 3-89748-716-0
Simone Bach – Alles aus Liebe

Band 22:
ISBN 3-89748-574-5
Walter – Liebe hinter Gittern Teil 3

Band 17:
ISBN 3-89748-470-6
Die Vattkes – auf Leben und Tod

Band 16:
ISBN 3-89748-440-4
Jutta Adler und die Liebe

Band 15:
ISBN 3-89748-423-4
Walter – Liebe hinter Gittern Teil 2

Band 10:
ISBN 3-89748-300-9
Walter – Liebe hinter Gittern Teil 1

Überall im Handel!
Jeder Roman € 8,95 (D)
Oder – zuzüglich Versandkosten – direkt bestellen bei:
Dino-Leserservice, Gerlinger Straße 140,
71229 Leonberg,
Fax: 07152/358689
Regelmäßig kostenlose Informationen im Internet unter
www.hintergittern-buch.de

Die Hinter Gittern Serienguides

Folge 1 bis 150

Überall, wo's Bücher gibt!

ISBN 3-89748-311-4

Folge 151 bis 250

ISBN 3-89748-719-5

- **Alle Fakten:**
  Lesen Sie nochmals nach, was in welcher Folge passiert ist – die ultimativen Nachschlagewerke!

- **Exklusive Informationen:**
  Die Stars der Serie ganz privat – tolle Interviews und Steckbriefe!

- **Die größten Highlights:**
  Aufregende Dramen, romantische Liebesgeschichten und hinterhältige Intrigen!

Ein Muss für jeden Hinter-Gittern-Fan!